KB069482

보육실습

| 성미영 · 신혜원 공저 |

학지사

머리말

어린이집에서 발생한 아동학대 사건으로 인해 보육교직원, 특히 보육교사의 전문성과 실무역량을 강화하고자 보건복지부는 2016년 「영유아보육법 시행규칙」을 일부 개정하였고, 대학에서는 2017년 1월 1일 이후 입학자부터 이러한 개정 내용이 적용된다. 특히 보육실습 교과목의 경우, 2017년 1월 1일 이후 보육현장실습이 시작되면 개정된 시행규칙이 적용된다. 보육실습 교과목은 보육실무 영역에 해당하며, 국가가 발급하는 보육교사 자격증을 취득하기 위해 필수적으로 이수해야 하는 교과목이다. 보육교사 양성과정 및 보육실습 매뉴얼 연구(보건복지부, 육아정책연구소, 2016)에서는 '보육실습'에 대해 예비보육교사가 보육실습생으로서의 자세와 태도를 갖추고, 선 이수한 교과목의 지식, 기술, 태도를 종합하여 보육현장실습을 준비할 수 있도록 이론수업과 더불어 보육현장실습으로 구성된 교과목임을 강조하고 있다. 또한 보육실습 교과목은 보육실무 영역에 해당하는 아동관찰 및 행동연구 교과목을 이수하여 관찰의 기초를 실습한 다음, 보육현장실습을 진행하도록 연계되어 있어

이를 고려하여 강의가 진행되어야 한다.

　개정된 시행규칙의 가장 중요한 변화는 보육실습기간이 4주 160시간 이상에서 6주 240시간 이상으로 늘어난 점이다. 이에 따라 이 책에서는 4주 보육현장실습기간에 맞춰 집필된 기존 교재들과의 차별성을 확보하고, 보육실습 관련 최신 변화 내용을 담기 위해 보육교사 양성과정 및 보육실습 매뉴얼 연구(보건복지부, 육아정책연구소, 2016)에 제시된 보육실습 교과목의 표준 개요 및 6주 보육현장실습 운영 모형에 근거하여 장별 내용을 구성하였다.

　구체적으로, 제1부 보육실습의 기초는 1장 보육실습의 개요, 2장 보육실습생의 역할과 자세, 3장 보육실습의 계획과 운영, 4장 보육실습의 평가로, 제2부 보육현장실습의 준비는 5장 어린이집 일과운영의 이해, 6장 실내외 놀이지도의 이해, 7장 대소집단활동의 이해로 구성되어 있으며, 제3부 보육현장실습의 실제는 8장 실습일지 작성, 9장 보육활동계획안 작성, 10장 관찰기록 작성으로 이루어져 있다. 1~5장은 성미영 교수가,

6~10장은 신혜원 교수가 맡아서 집필하였다. 이러한 차례 구성과 함께 각 장에서는 '더 알아보기' '연습문제' '작성 사례' 등을 통해 보육실습생을 위한 실제적인 정보를 보다 효과적으로 제시하고자 노력하였다.

이 책이 보육실습생의 보육실습 과목 이수 및 보육교사의 영유아 보육현장 실무 수행에 도움이 되기를 바란다. 마지막으로, 이 책이 출판되기까지 적극적인 도움을 주신 학지사 김진환 사장님과 편집부 여러분께 감사드린다.

2017년 3월
저자 일동

차례

제2부 보육현장실습의 준비

제3부 보육현장실습의 실제

제1부

보육실습의 기초

Practicum in Child Care & Education

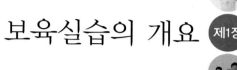

보육실습의 개요 제1장

이 장에서는 어린이집 교사 자격증을 취득하기 위한 마지막 관문인 보육실습이 어떠한 목적과 의의를 가지는지 살펴봄으로써 보육실습생이 보육실습에 참여하는 자세와 역할을 강조하고자 한다.

1. 보육실습의 목적과 의의

보육실습의 개념 정의와 더불어 보육실습의 목적 및 목표, 의의 및 중요성을 이해하는 것은 양질의 보육실습을 위한 첫걸음이다.

1) 보육실습의 목적

보육실습이란 어린이집 교사 자격증을 취득하는 데 필수적인 과정인 동시에 예비보육교사들이 양성교육기관에서 배운 이론과 지식을 **영유아보육 현장**에서 실제 적용해 보는 핵심 과정이다(한국보육진흥원, 2013c). 보육실습 교과목을 운

비하는 과정에 있어 어린이집 교사가 담당하는 모든 역할을 수행할 수는 없으므로 여러 가지 상황에서 어려움을 경험한다. 이러한 어려움을 극복하고 실습생이 보육실습기관에서 성공적으로 실습을 마친다면, 이론수업에서 배운 내용을 실제 영유아보육 현장에서 적용해 봄으로써 **예비보육교사로서의 전문성을** 향상시키는 계기가 된다.

보육실습생의 입장에서 보육실습이 갖는 의의는 다음과 같다(문혁준, 백혜리, 김정희, 김혜연, 김민희, 2012; 임승렬, 2012; 한국보육진흥원, 2013a).

- 이론수업에서 배운 지식을 **보육현장**에 실제 적용하면서 영유아에 대한 이해를 향상시킨다.
- **보육계획의 수립**, 영유아 놀이의 확장, 발달과 흥미에 적합한 보육활동 운영을 직접 관찰하여 교사의 전문성과 상호작용 능력을 학습한다.
- 실습생이 직접 **보육활동**을 계획하고 운영함으로써 바람직한 **일과운영**을 경험하고 효과적인 교수법을 학습한다.
- 보육교사의 실제적인 역할을 관찰하고 자신의 능력과 자질이 보육교사에 적합한지에 대해 평가해 본다.
- 영유아, 교직원, 부모, 지역사회 구성원과의 다양한 인간관계 및 대인관계에 관한 지식을 습득하고 기술을 경험한다.
- 6주의 보육실습을 성공적으로 마무리할 경우 향후 보육교사로서의 진로에 대한 자신감을 경험한다.

실습지도교사의 입장에서 보육실습이 갖는 의의는 실습생을 지도하는 과정을 통해 보육교사로서 자신을 되돌아보고 전문성을 발달시키는 기회가 된다는 점이다(임승렬, 2012).

2. 보육실습의 법적 기준

보육실습의 법적 기준은 「영유아보육법 시행규칙」에 명시되어 있는데, 최근 「영유아보육법 시행규칙」 일부개정안(2016. 8. 1. 시행, 보건복지부령 제392호)이 고시되었다. 보육실습기관 및 **보육실습지도교사**, 보육실습 교과목 및 학점기준, **보육실습 시기 및 실습인정시간**, 보육실습의 평가기준은 「영유아보육법 시행규칙」 제12조 관련 [별표 4]와 [별표 5]에 명시되어 있다. 대학의 경우 보육교사 자격기준의 시행규칙 적용시기는 2017년 1월 1일 이후 입학자부터이지만, 보육실습을 2017년 1월 이후 시작한 경우 6주 240시간을 이수해야 한다(보건복지부, 한국보육진흥원, 2016).

1) 보육실습 교과목 및 학점기준

「영유아보육법 시행규칙」 일부개정안(2016. 8. 1. 시행)에 제시된 보육실습 교과목 및 학점기준은 다음과 같다.

(1) 보육실습 교과목

보육실습은 보육실습 교과목을 이수하는 것이 원칙이며, 보육실습 교과목의 인정 여부는 다음과 같다(보건복지부, 육아정책연구소, 2016).

- 보육실습은 이론수업과 **보육현장실습**으로 운영한다.
- 성적증명서를 통하여 보육실습 교과목 확인이 가능해야 한다.
- 보육현장실습, 학교현장실습, 교육실습은 교과목 명칭이 다르더라도 실습

기관 및 실습기간의 조건을 만족하는 경우 보육실습으로 인정한다(한국보육진흥원, 2013a).

- **양성교육기관**에 따라 보육실습(I), 보육실습(II)로 나누어 개설할 수 있다.
- **교육봉사활동**은 보육실습 교과목 인정에서 제외된다.

(2) 학점기준

<u>보육실습 교과목은 3학점을 기준</u>으로 하며, 보육실습 교과목의 구체적인 학점기준은 다음과 같다(한국보육진흥원, 2013a).

- 보육실습 교과목은 3학점을 기준으로 하되, 최소 2학점 이상 이수하여 보육실무 영역의 이수학점 기준(2과목 6학점)을 충족하여야 한다.

[예시] 보육실무 영역의 이수학점 기준(2과목 6학점)을 충족하려면

아동관찰 및 행동연구 교과목과 보육실습 교과목 2과목을 이수하여 6학점을 취득해야 한다.

- 보육실습 교과목의 평가점수가 80점(B학점) 이상인 경우에만 보육실습을 이수한 것으로 인정된다.
- 보육실습 교과목을 보육실습(I)과 보육실습(II)로 분리하여 개설한 경우, 합산한 두 과목의 총 이수학점은 3학점을 기준으로 각 과목당 학점배분을 달리할 수 있다.

[예시] 보육실습 교과목을 보육실습(I)과 보육실습(II)로 분리하여 개설한 경우

보육실습(I) 교과목 1학점, 보육실습(II) 교과목 2학점으로 각 과목당 학점배분을 하거나,
보육실습(I) 교과목 2학점, 보육실습(II) 교과목 1학점으로 각 과목당 학점배분을 할 수
있다.

2) 보육실습 이수시기 및 기간

「영유아보육법 시행규칙」 일부개정안(2016. 8. 1. 시행)에 제시된 **보육실습 이
수시기 및 보육실습기간**은 다음과 같다.

(1) 보육실습 이수시기

보육실습은 보육실습 교과목이 개설된 학기 중(직전 및 직후 방학 포함)에 반
드시 실시해야 한다. 일상적인 보육이 이루어지는 3~6월, 9~11월에 보육실
습을 하는 것이 바람직하며, 학점에 따라 보육실습 교과목의 강의시간을 할당
하여 이론수업과 보육현장실습으로 교과목 내용을 운영해야 한다(한국보육진
흥원, 2013a).

더 알아보기

대면 교과목 지정에 의한 대면교육 강화

「영유아보육법 시행규칙」 일부개정안(2016. 8. 1. 시행)에서는 인성과 전문성을 갖춘 보육
교사를 양성하기 위하여 대면교육을 강화하는 등 보육교사 자격기준을 개선하는 내용을
포함하고 있다. 보육교사 자격취득 17개 교과목 중 9개 교과목을 대면 교과목으로 지정하
고 있으며, 대면 교과목에 대해서는 8시간 출석수업 및 1회 이상의 출석시험을 의무화하
고 있다.

출처: 보건복지부, 한국보육진흥원(2016).

(2) 보육실습기간

보건복지부(2016. 1. 12.)는 보육교사의 자격기준을 강화하기 위해 현장실습을 확대하는 등 「영유아보육법 시행규칙」을 개정하여 공포하였다. 개정된 내용 중 보육실습 관련 내용에서 가장 큰 변화는 보육실습기간을 4주 160시간 이상에서 6주 240시간 이상으로 확대하여 실습 과정을 운영하는 것이다.

대학에서는 2017년 1월 1일 이후부터 보육실습을 <u>6주 240시간 이상 연속으로 (월요일~금요일)</u> 해야 하며, <u>1일 8시간 동안</u> 해야 인정을 받는다. 보육실습시간에 관한 구체적인 내용은 다음과 같다(보건복지부, 육아정책연구소, 2016).

- 평일 오전 9시부터 오후 7시 사이의 보육실습기관 운영 중에 실습을 하여야만 실습시간으로 인정된다.
- 주 1회 보육실습 또는 주말실습 등 특정 요일에만 보육실습을 하거나, 오전 9시 이전과 오후 7시 이후 오전이나 야간에 실습을 하면 240시간 이상이 되더라도 보육실습을 이수한 것으로 인정받을 수 없다.

더 알아보기

보육실습을 2회로 나누어 실시하는 경우
- 교과목을 학기로 나누어 보육실습(I), (II)로 개설하고 학점을 분할할 경우 보육실습(I), (II)의 합이 3학점을 기준으로 하되, 최소 2학점 이상이 되어야 한다.
- 보육실습은 보육실습 교과목이 개설된 학기 중(직전, 직후 방학 포함)에 반드시 실시하여야 하므로 교과목이 개설된 학기에 각 1회씩 실시해야 한다.
- 보육실습기간은 두 기간을 합산하여 오전 9시부터 오후 7시 사이에 총 6주 240시간 이상 실습을 한 경우에 인정된다.

출처: 보건복지부, 육아정책연구소(2016); 한국보육진흥원(2013a).

3) 보육실습기관의 선정

보육실습기관은 법적 기준을 충족시켜야 하고, 과거에 보육실습기관으로 선정되어 실습지도가 원활하고 안정적으로 이루어졌던 기관을 우선적으로 선정한다. 실습생과 인척관계나 개인적인 친분이 있는 기관은 선정하지 않는다. 실습생이 질적으로 우수한 실습기관에서 실습에 참여할 수 있도록 실습기관을 신중하게 선정할 필요가 있다(한국보육진흥원, 2013a).

- 법적으로 인가받은 정원 15인 이상의 어린이집으로 <u>평가인증을 유지하는</u> <u>어린이집</u>
- 교육과정과 방과후 과정을 운영하는 유치원

4) 보육실습지도교사의 기준

보육실습은 보육교사 1급 또는 유치원정교사 1급 자격을 가진 자가 지도해야 한다. 이 경우 <u>실습지도교사 1명당 보육실습생을 3명 이하로 지도</u>한다(한국보육진흥원, 2013a).

[그림 1-1] 보육교사 자격기준 강화

출처: http://chrd.childcare.go.kr

> 🏫 「고등교육법」 제2조에 따른 대학에 다니고 있는 학생입니다.
> 보육교사 자격기준은 어떻게 적용되나요?
>
> · 2017년 1월 1일 이후 입학생부터 개정 자격기준에 따른 교육영역별 필수
>   교과목이나 대면교과목을 이수해야 합니다.
> · 그러나, 2017년 1월 1일 전에 입학한 경우(예, 2015년 3월 입학생 등) 개정
>   이전 교육영역(6개 영역)별 교과목을 이수하여야 하나, 2017년 1월 1일 이후
>   보육실습 등 대면교과목의 교육을 시작하는 경우 대면교과목 기준이 적용됩니다.
>
>   ※ (예시) 보육실습을 2016년 12월부터 시작한 경우 4주 160시간을 이수해도 되나,
>   2017년 1월 이후 시작한 경우 6주 240시간을 이수해야 합니다.

[그림 1-2] 보육교사 자격기준 적용

출처: 보건복지부, 한국보육진흥원(2016).

보육실습생의 역할과 자세 제2장

이 장에서는 **보육실습생**이 보육실습기관에서 6주 동안 보육현장실습에 참여할 경우 어떠한 자세로 참여해야 하는지, 어떠한 역할을 담당해야 하는지, 그리고 보육실습생이 지켜야 할 윤리규정은 무엇인지에 대해 살펴보고자 한다.

1. 보육실습생의 역할

보육실습생은 보육실습기관의 보육목표와 보육방침을 이해하고, 이를 달성하기 위해 적극적으로 협력한다. 이와 더불어 보육실습기관의 규정을 준수하면서 보육실습생으로서의 역할을 수행하며 성실한 자세로 보육현장실습에 참여해야 한다. 보육실습생이 보육실습기관에서 담당하는 구체적인 역할은 다음과 같다(한국보육진흥원, 2013a).

- 보육실습기관의 환경 및 보육실 환경 관찰하기
- 영유아 행동 및 활동 관찰하기

- 하루 일과 및 보육활동에 참여하기
- **보육실습일지** 작성하기
- **보육활동계획안** 작성하기
- **관찰기록** 작성하기
- 영역별, 반일, 일일 보육활동을 계획하여 실행하기
- 보육실습기관의 가정 및 지역사회 연계 프로그램에 참여하기
- 보육실 정리정돈에 참여하기

더 알아보기

실습지도교사의 역할

보육실습기관에서 보육실습생의 보육현장실습을 직접적으로 지도하는 실습지도교사는 다음과 같은 역할을 수행함으로써 실습생에게 도움을 제공한다.

- 보육실습생이 가능한 한 많은 경험을 하도록 지도한다.
- 보육실습생 역할 수행 정도, 태도 등에 대해 매일 구체적으로 평가한다.
- 보육실습생이 깊고 명확하게 사고하도록 되물어 본다.
- 자기평가란에 기록한 보육실습생의 질문에 대해 전문적인 답변을 작성해 준다.
- 보육실습생의 영유아 행동지도 시 어려움, 영유아 간 문제해결 방법에 대한 혼란 등에 적절한 답을 제공하고 공감과 용기를 북돋아 준다.
- 영유아의 일상생활 지도 및 놀이 참여, 상호작용에 대해 보육실습생의 역할을 구체적으로 알려 준다.
- 보육실습생과 신뢰롭고 개방적인 관계를 형성한다.

출처: 보건복지부, 육아정책연구소(2016); 임승렬(2012); 한국보육진흥원(2013a).

2. 보육실습생의 자세

　보육실습생은 성실한 태도와 자세로 보육현장실습에 참여할 필요가 있다. 다음에서는 보육실습생이 준수해야 할 일반적인 근무태도, 근무시간, 복장 및 용모, 언어 사용에 대해 살펴본다.

1) 보육실습생의 근무태도

　보육실습생은 보육현장실습에서 예비보육교사로서의 자세와 태도를 가져야 한다. 구체적으로 다음과 같은 사항을 지킬 필요가 있다(한국보육진흥원, 2013a).

- 예비보육교사로서의 품위를 지키고, 영유아에게 본보기가 되도록 한다.
- 보육교직원, 영유아, 부모에게 공손하게 인사하며 밝은 모습으로 대한다.
- 보육실습생들 간 호칭은 '○○○ 선생님'으로 하고, 존대어를 사용한다.
- 보육실습일지를 작성할 때 실습지도교사의 조언을 수용한다.
- 보육실습일지, 보육활동계획안 등의 제출물은 기일을 엄수하여 제출한다.
- 보육활동계획안은 사전에 실습지도교사에게 지도를 받는다.
- 비품 및 기자재는 실습지도교사의 허락을 받고 사용한다.
- 교재ㆍ교구는 반드시 실습지도교사와 사전에 협의한 후 제작한다.
- 갈등 상황 발생 시 보육실습기관의 규정과 절차에 따라 해결한다.
- 영유아의 일상생활 지도 지침은 보육실습기관의 지침내용에 따른다.
- 영유아의 안전사고 예방에 대한 사전교육 내용을 숙지하고 실천한다.
- 응급 상황 발생 즉시 실습지도교사에게 알리고 지도를 받는다.

- 보육실습생은 부모와 상담하지 않도록 한다.
- 보육실습기관에서는 흡연하지 않고 휴대폰을 사용하지 않는다.
- 커피 및 음료는 보육실 이외의 정해진 장소에서 음용한다.

2) 보육실습생의 근무시간

보육실습생의 근무시간은 보육현장실습에 대한 평가에서 중요한 고려사항이므로 6주 240시간 이상의 보육현장실습에 참여하기 위해 다음과 같은 내용을 숙지한다(임승렬, 2012).

- 보육실습기관의 출퇴근 규정을 따르되, 실습인정시간을 충족시킨다.
- 출근시간을 엄수하고 무단결근, 지각, 외출 및 조퇴를 금한다.
- 불가피하게 결근해야 할 경우 사전에 실습기관의 허락을 받는다.
- 결근 허락을 받은 경우, 결근 일수만큼 다른 날짜에 보육실습을 보충한다.
- 매일 정해진 시간에 출근하여 출근부에 날인한다.
- 퇴근 시 실습지도교사와 원장에게 허락을 받고 퇴근한다.

더 알아보기

보육실습생의 언어 사용

- 발음은 분명하게 하며 되도록 표준어를 사용한다.
- 음성의 톤이 너무 높거나 빠르지 않도록 유의하며 부드럽게 이야기한다.
- 영유아에게 예의에 어긋난 언어를 사용하지 않는다.
- 영유아를 부를 때는 이름을 부른다.
- 비언어적 행동, 즉 표정, 손짓, 몸짓 등에서도 예비보육교사로서의 품위를 지킨다.

출처: 한국보육진흥원(2013a).

더 알아보기

보육실습생의 복장 및 용모

- 실습생 이름표를 부착한다.
- 복장과 용모는 청결하고 단정하게 유지한다.
- 지나치게 화려하거나 노출이 심한 옷은 입지 않는다.
- 민소매 옷, 짧은 바지나 치마, 속옷이 보이는 옷 등은 입지 않는다.
- 짙은 화장, 진한 향수, 영유아의 안전상 문제가 되는 장신구는 하지 않는다.
- 긴 줄의 목걸이나 귀걸이는 영아가 잡아당길 수 있으므로 착용하지 않는다.
- 손톱은 짧게 깎고, 손을 청결하게 관리한다.
- 긴 머리카락의 경우 단정하게 묶는다.
- 실내에서는 실내화(덧신) 또는 양말을 신는다.
- 실내외에서 굽이 높은 신발이나 슬리퍼는 신지 않는다.

출처: 임승렬(2012); 한국보육진흥원(2013a).

3. 보육실습생이 지켜야 할 윤리규정

보육실습생은 보육현장실습에 참여하면서 예비보육교사가 갖추어야 할 전문성을 향상시키고, 영유아의 바람직한 인성 형성을 돕기 위해 도덕적 규범과 윤리를 준수해야 한다. 보육실습생은 다음과 같은 윤리규정을 준수할 필요가 있다(문혁준 외, 2012; 한국보육진흥원, 2013a).

- 영유아를 존중하고 편견이나 차별 없이 수용한다.
- 특정 영유아를 편애하거나 처벌하지 않는다.
- 영유아를 돌보고 지도하는 것을 즐거워하고 인내심과 참을성을 가진다.

- 실습지도교사, 어린이집 교직원, 부모에 대해 예의를 지키고 존중한다.
- 보육실습생 상호 간에 존중하고 예의를 지킨다.
- 솔선수범하여 보육실습생의 역할을 다한다.
- 보육실습생의 역할을 책임 있게 수행한다.
- 영유아의 신상정보 및 실습기관의 내부정보를 외부로 유출하지 않는다.

더 알아보기

미국 캘리포니아 주 실습생 윤리강령

미국 캘리포니아 주 실습생 윤리강령에서는 아동에 대한 책임, 실습기관에 대한 책임, 양성교육기관에 대한 책임으로 구분하여 실습생의 윤리를 강조하였다. 아동에 대한 책임에서는 편견이나 차별대우를 해서는 안 된다고 명시하고 있고, 실습기관에 대한 책임에서는 자신에게 위임된 임무만 수행해야 함을 강조하였다. 마지막으로 양성교육기관에 대한 책임에서는 법적 자격기준을 숙지하도록 규정하고 있다.

출처: 임승렬(2012).

보육실습의 계획과 운영

제3장

이 장에서는 보육실습 교과목이 **이론수업**과 6주의 **보육현장실습**으로 진행된다는 점에 주목하여, 먼저 이론수업을 어떻게 계획하고 운영할 것인지에 대해 살펴보고, 다음으로 보육현장실습의 계획과 운영을 네 가지 유형으로 구분하여 살펴보고자 한다.

1. 이론수업의 계획과 운영

1) 보육실습 교과목의 개요

보육실습은 보육교사가 되기 위한 필수 교과목으로서 국가가 발급하는 보육교사 자격증을 취득하기 위해 필수 요건이 되는 교과목이다. 양성교육기관에서는 보육실습의 과정 및 내용에 대해 숙지하고 자질을 기르며 준비하는 3학점 교과목으로 운영함과 동시에, 실습기관인 어린이집에서는 보육교사의 역할과 실무를 직접 경험하는 6주간의 보육현장실습을 진행한다는 점에서 고려해

야 할 점이 많다. 따라서 보육실습의 목적은 보육실습생이 양성교육기관에서
배운 이론과 지식을 실제 현장에서 적용해 보며 보육교사의 역할을 직접 경험
하여 양질의 보육교사가 되려는 진로의식을 갖게 하는 데 있다. 이를 위해 보
육실습 교과목에서는 보육실습의 중요성 인식, 보육실습의 계획과 준비 그리
고 보육실습의 과정에 따라 필요한 지식, 기술, 태도와 가치를 다루어 실습생
이 예비보육교사로서의 역량을 함양하도록 돕는다(보건복지부, 육아정책연구소,
2016).

> **더 알아보기**
>
> 보육실습 교과목의 학습목표
>
> • 보육실습의 목적과 의의, 보육실습의 법적 기준을 파악한다.
> • 보육실습의 진행 과정, 행정 절차 및 필요 서류를 숙지한다.
> • 보육실습생의 역할, 근무태도 및 윤리를 숙지한다.
> • 어린이집의 특성, 교사의 역할 등 보육실습현장을 이해한다.
> • 보육실습에 필요한 문서 작성법을 연습한다.
> • 보육실습 전반에 대한 평가방법과 사후관리를 숙지한다.

출처: 보건복지부, 육아정책연구소(2016).

2) 보육실습 교과목의 이수요건

대학에서는 2017년 1월 1일 이후부터 보육실습 교과목을 이수할 경우, 보육
현장실습 6주 240시간과 별도로 보육실습 이론수업을 반드시 편성·운영하여
야 한다. 보육실습 교과목은 3학점을 기준으로 하되 최소 2학점 이상으로 운영
한다. 보육현장실습을 방학 중에 실시하는 경우라도 학기 중에 보육실습 교과
목을 반드시 개설하여 이론수업을 운영해야 한다.

보육실습은 보육에 대한 지식 및 이론과 실무 역량을 위해 필요한 교과목을 이수한 후 수강할 수 있는 교과목이다. 따라서 양성교육기관에서는 학생이 관련 교과목을 충분히 이수한 뒤 보육실습 교과목을 수강하고 보육현장실습에 참여할 수 있도록 지도한다. 구체적으로, 자격증 취득에 필요한 필수 교과목을 포함하여 최소한 10과목 이상 수강한 학생이 보육실습 과목을 수강하도록 한다.

　보육현장실습도 관련 교과목의 이수가 완료된 이후에 이루어져야 한다. 예를 들어, 4년제 대학의 경우 3학년 2학기 이후에, 2 · 3년제 대학은 마지막 학년에 보육현장실습에 참여하도록 한다. 보육실습 교과목을 보육실습(Ⅰ)과 보육실습(Ⅱ)로 분리하여 개설하는 경우, 한 과목은 권유하는 시기 이전에 개설 가능하다(보건복지부, 육아정책연구소, 2016).

3) 보육실습 교과목의 이론수업 내용

　보육실습 교과목의 운영에서 포함되어야 하는 이론수업의 내용은 다음과 같은 네 가지 부분으로 이루어진다(보건복지부, 육아정책연구소, 2016).

- **보육실습의 기초**: 보육실습의 개요, 진행, 보육실습생의 자세 등
- **보육현장실습의 이해**: 일과운영, 실내외 놀이지도, 대소집단활동의 이해 등
- **보육실습생의 문서 실무**: 보육활동계획안, 실습일지, 관찰기록 작성 등
- **보육실습의 평가와 관리**: 보육실습의 평가, 사후관리 등

- **보육실습의 기초**에서는 보육현장실습을 위한 구체적인 내용을 배우거나 준비하는 것을 포함한다.

보육실습의 기초에서는 먼저 보육실습의 목적 및 의의를 살펴보고, 법적 기준 및 관련 요건을 파악한다. 또한 보육실습의 절차, 필요 서류와 행정 절차 등을 실습생이 숙지하도록 하여, 보육실습의 계획과 준비 과정에서 실습을 인정받지 못하는 일이 생기지 않도록 한다. 실습생의 자세와 역할을 이해하고, 실습생이 지켜야 할 근무태도, 언어, 용모 등의 규정을 안내하며, 실습생의 윤리규정을 알려 준다.

보육실습 과목을 담당하는 실습지도교수는 보육실습 매뉴얼(보건복지부, 육아정책연구소, 2016)의 내용을 미리 파악하고, 실습조교나 행정담당자와 긴밀하게 소통하여 관련 서류 등을 정확하게 준비해야 한다. 실습생의 경우 해당 기관과 집까지의 거리, 가는 방법 등을 알아 두고, 사전교육을 통해 실습에 대한 구체적인 준비를 한다.

• **보육현장실습의 이해**에서는 어린이집 일과운영 등 보육현장에 대한 기초적인 내용을 포함한다.

보육현장실습의 이해에서는 어린이집의 연령별 반의 특성과 일과운영에 따른 교사의 역할을 실습생이 이해하도록 하며, 표준보육과정의 목적, 내용을 이해하고, 이를 적용하기 위한 어린이집에서의 편성, 계획, 실행 및 평가의 전반적 운영과정을 안내한다. 보육과정의 실행을 위한 실내외 놀이지도, 대소집단 활동, 연령별 생활지도 및 건강, 영양, 안전을 위한 교사의 역할을 살펴본다.

• **보육실습생의 문서 실무**에서는 보육실습에 필요한 관련 문서의 작성 방법 및 실제를 포함한다.

실습기간 동안 이루어지는 실습일지의 작성, 관찰기록, 보육계획안 작성 및 평가기록의 작성방법 및 유의점을 파악한다. 보육실습생은 직접 관련 문서 양식을 작성해 본다.

> • **보육실습의 평가와 관리**에서는 보육실습생의 자기평가와 실습평가회에 대한 내용을 포함한다.

　보육실습평가회를 통해 보육실습생이 자기 평가를 실시하고, 다른 실습생과 보육실습 경험을 공유하도록 함으로써 자신의 경험을 객관화하고 전문성을 갖춘 교사로서의 발전방향을 탐색하는 기회를 제공한다.

4) 보육실습 교과목의 운영방안

• 보육실습 교과목에서는 종전 4주 160시간의 보육현장실습 기간을 6주 240시간으로 확대하여 운영해야 하며, 이론수업과 보육현장실습을 포함하여 운영한다.
• 보육실습생은 6주의 보육현장실습기간 동안 매일 실습일지를 작성하여 실습의 전반적인 내용을 기록한다.
• 보육실습생은 6주의 보육현장실습기간 동안 관련 교과목에서 학습한 내용을 토대로 하여 부분 수업, 연계 수업, 반일(일일) 수업을 계획한다.
• 보육실습생은 영아반과 유아반 일과운영 특성을 고려하여 보육활동계획안을 작성하고 실행한다.
• 보육실습생은 보육현장실습 실시 이전에 자기 평가의 내용과 방법을 파악하고, 실습 완료 후 반성적 사고에 근거하여 실습소감문을 작성한다.

2. 보육현장실습의 계획과 운영

1) 보육현장실습을 위한 행정 절차

보육현장실습을 위해서는 다음과 같은 행정 절차가 필요하므로, 양성교육기관, 보육실습기관, 실습지도교수, 실습생은 각자 담당한 역할을 충실히 수행하여 보육현장실습이 원활하게 진행되도록 한다.

보육실습신청서(방학 중 실습 실시 경우) 제출	실습생 → 실습지도교수	①
실습기관 선정	양성교육기관과 실습생 협의	②
실습협조공문 발송	양성교육기관 → 보육실습기관	③
실습동의서 수령	보육실습기관 → 양성교육기관	④
실습생 상해보험 가입	양성교육기관 → 실습생	⑤
실습비 입금	양성교육기관 → 보육실습기관 (실습생)	⑥
양성교육기관에서의 실습생 사전교육	양성교육기관 → 실습생	⑦

실습생 신상카드, 서약서, 자기소개서 작성 지도, 실습일지 및 실습 관련 서류 전달	양성교육기관 → 실습생	⑧

↓

실습생 실습기관 사전방문 및 사전교육	보육실습기관 → 실습생	⑨

↓

각종 서류 전달 (실습생 신상카드, 서약서, 자기소개서, 보육실습 확인서, 실습결과보고서, 실습비 영수증 양식)	양성교육기관 → 실습생 → 보육실습기관	⑩

↓

6주 보육현장실습 실시	보육실습기관 → 실습생	⑪

↓

각종 서류 전달 (보육실습확인서, 실습결과보고서, 실습비 영수증)	보육실습기관 → 실습생 → 양성교육기관	⑫
보육실습일지 제출	실습생 → 양성교육기관	⑬

↓

보육실습평가회 및 보육실습 종료	양성교육기관 → 실습생	⑭

[그림 3-1] **보육현장실습을 위한 행정 절차**

출처: 보건복지부, 육아정책연구소(2016); 한국보육진흥원(2013a).

2) 보육현장실습을 위한 사전교육

　보육실습생은 양성교육기관과 보육실습기관에서 제공하는 사전교육(오리엔테이션)에 모두 참여하여 보육현장실습을 준비한다.

(1) 양성교육기관의 보육현장실습 사전교육

양성교육기관은 보육실습 교과목의 이론수업과 보육현장실습 사전교육을 통해 보육실습생에게 보육현장실습의 과정, 필요 서류 및 준비물, 문제 발생 시 해결방법, 실습 후 사후관리에 대해 안내한다. 실습생이 방학 중에 보육현장실습을 수행할 경우에도 양성교육기관에서는 사전교육을 실시하여 실습생이 관련 내용을 파악한 후 실습에 참여하도록 한다(한국보육진흥원, 2013a).

(2) 보육실습기관의 보육현장실습 사전교육

6주의 보육현장실습이 실시되기 이전에 보육실습기관은 보육실습생에게 1회 이상의 사전교육을 실시하여 보육실습생이 실습기관에 쉽게 적응하도록 돕는다. 보육실습생은 실습 시작 이전에 배정된 보육실습기관을 방문하여, 보육실습기관의 원장 또는 실습지도교사로부터 사전교육을 받는다.

보육실습기관의 사전교육 시 보육실습생은 실습기관의 보육철학 및 운영방침 등에 대한 안내를 받고, 실습지도교사와 실습반에 대한 사전정보를 제공받아 보육실습을 준비한다. 원장과 실습지도교사는 **사전교육**에 다음과 같은 내용을 포함한다.

원장의 실습생 사전교육

- 보육실습기관의 보육철학 및 프로그램, 운영방침 안내
- 보육실습기관의 현황 안내
- 보육실습기관의 보육교직원 소개
- 보육실습반 및 실습지도교사 소개
- 보육실습의 의의 및 실습 지침 안내
- 보육실습 일정과 내용 소개
- 보육실습기간 중 행사 일정 소개
- 보육실습기관의 시설물 및 물품 이용에 대한 안내
- 보육실습기관의 동의하에 기관 사진 촬영 가능 범위 안내
- 보육실습생의 역할 및 윤리 안내
- 보육실습기관에서 보육실습생의 준수사항 및 유의사항 안내
- 보육실습 시 필요한 준비물 안내

출처: 한국보육진흥원(2010b).

실습지도교사의 실습생 사전교육

- 보육실습반 구성 소개
- 보육실습기간 중 연간 및 월간 보육계획 및 행사 일정 소개
- 보육실습기간 중 실내외에서 보육실습생의 역할 안내
- 보육실습생의 보육활동 계획 안내
- 보육일지 작성 및 지도 안내
- 안전사고 예방교육 실시
- 영유아 일상생활 지도와 관련된 지침 제공
- 보육실습 준비물 안내
- 보육실습 시 주의사항 안내
- 기타 보육실습에 필요한 정보 제공

출처: 한국보육진흥원(2010b).

3) 보육현장실습의 운영

(1) 보육현장실습기관의 선정

「영유아보육법 시행규칙」 개정(2016. 1. 12. 공포, 보건복지부령 제392호)에 따라 보육실습을 2회로 나누어 실시할 경우 실습기간을 나누는 방식은 양성교육기관과 보육실습기관이 협의하여 진행한다. 6주를 한 기관에서 실습하거나, 2주와 4주, 3주와 3주, 4주와 2주로 나누어 한 기관 혹은 두 기관에서 나누어 실습을 할 수 있다.

　보육실습생은 평가인증을 유지 중인 어린이집에서 보육현장실습을 실시해야 하므로 보육실습 시작 이전에 어린이집의 평가인증 유지 여부를 임신육아종합포털 아이사랑 홈페이지(www.childcare.go.kr) 내 '어린이집 > 어린이집찾기 > 평가인증 정보'를 통해 확인한다.

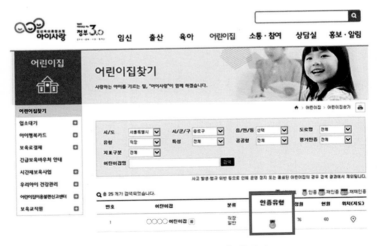

[그림 3-2] 아이사랑 홈페이지

출처: www.childcare.go.kr

실습을 두 기관에서 나누어 할 경우, 두 기관 모두 실습기관의 요건을 갖추어야 하며, 실습 관련 서류도 두 기관 모두에서 구비하고, 행정 절차 역시 모두 거쳐야 보육실습으로 인정받을 수 있다.

(2) 보육현장실습의 운영 모형 사례

보육현장실습기간이 6주 240시간 이상으로 늘어남에 따라, 6주 연속형 이외에 분리형의 형태로도 운영이 가능하다. 보육교사 양성과정 및 보육실습 매뉴얼(보건복지부, 육아정책연구소, 2016)에서 제안된 보육현장실습의 운영 모형 사례는 [그림 3-3]과 같다. 양성교육기관과 보육실습기관 그리고 보육실습생 간의 협의를 통해 최적의 보육현장실습 운영 모형을 선택할 필요가 있다.

6주 연속형	사전 참여실습	보육활동운영 실습		사후 참여실습
	1주	4주		1주

분리형 A	사전 참여실습		보육활동운영 실습
	2주		4주

분리형 B	보육활동운영 실습		사후 참여실습
	4주		2주

분리형 C	보육활동운영 실습	보육활동운영 실습
	3주	3주

[그림 3-3] **보육현장실습 운영 모형 사례**

출처: 보건복지부, 육아정책연구소(2016).

참여실습

- 참여실습은 6주간의 보육현장실습기간 동안 계속적으로 이루어진다.
- 보육실습생으로서 활동을 지도하는 보육활동운영 실습을 하는 4주간을 제외한 2주 동안은 다른 연령의 반에서 영유아의 발달적 특성을 경험하고, 이를 반영한 일과의 흐름 및 교사의 역할을 경험하기 위한 참여관찰의 시간이 필요하다.
- 실습지도교사뿐만 아니라 각 반의 담임교사들의 안내와 지도를 필요로 하며, 실습생의 참관 내용과 경험에 대한 반성적 사고를 지원한다.
- 참여관찰의 주된 내용에는 영유아의 연령에 따른 보육실 환경 구성의 특성, 하루 일과의 진행, 영유아의 발달 특성, 담임교사의 역할 및 영유아와의 상호작용을 포함한다.
- 참여관찰을 하는 동안, 실습생은 영유아와 친밀한 관계를 형성하고 영유아에 대한 이해 및 보육교사로서의 업무를 파악한다.

출처: 보건복지부, 육아정책연구소(2016).

6주 연속형	사전 · 사후 참여실습 사례 (1주 사전 참여실습 + 4주 보육활동운영 실습 + 1주 사후 참여실습)

　　6주 연속형은 보육활동운영 실습 시작 전에 먼저 1주간 **사전 참여실습**을 하고, 4주의 **보육활동운영 실습**을 한 후 1주간 **사후 참여실습**을 하는 형태의 실습과정이다. 이 유형에서는 실습생이 1주간의 사전 참여실습 기간 동안 모든 연령의 반에서 참여관찰을 진행한다.

　　6주 연속형 보육실습 진행과정의 예시는 다음과 같다.

주		1일차	2일차	3일차	4일차	5일차
사전 방문과 교육		• 사전 방문하여 사전교육을 실시함 • 보육실습 일정과 내용, 준비물, 준비 서류 및 기타 유의사항 협의				
사전 참여 실습 (1주)	1주	• 어린이집의 운영 철학 및 서비스 등의 특징 파악 • 어린이집 보육교직원들과 친밀감 형성 • 모든 연령의 반 참여관찰: 일과운영, 보육환경, 영유아-교사 상호작용 등 • 보육실습일지 작성과 지도교사의 평가				
보육 활동 운영 실습 (4주)	2주	• 실습 반 영유아와 친밀감 형성하기 • 보육실습생으로서의 역할 수행 • 실습 반 관찰(일과운영, 보육환경, 영유아-교사 상호작용 등)		• 3차시 영역별 보육활동 선정 및 계획안 제출과 지도교사의 평가		
	3주		영역별 보육활동 실습		영역별 보육활동 실습	
			자기평가, 지도교사 평가	영역별 보육활동 선정	자기평가, 지도교사 평가	연계활동 계획안 제출
	4주	연계활동 자료 준비 및 제작	연계활동 실시			
			자기평가, 지도교사 평가	반일(일일)보육 계획 협의		반일(일일) 보육 계획안 제출
	5주			일일(반일) 보육활동 실시		
		일일(반일)보육활동 자료 점검		자기평가, 지도 교사 평가		

사후
참여
실습
(1주)
	6주	• 참여관찰(일과운영, 보육환경, 영유아-교사 상호
		  작용 등)
		• 보육실습교사 역할 수행하기
		• 보육실습일지 작성 및 참관 경험에 대한 저널 작성
		  하기
					최종 어린이집
					실습평가회(원
					장, 지도교사 등
					의 참여)
						실습일지 및
						기타 실습 관련
						서류 제출

출처: 보건복지부, 육아정책연구소(2016).

분리형 A	사전 참여실습 사례(2주 사전 참여실습 + 4주 보육활동운영 실습)

분리형 A는 보육활동운영 실습 시작 전에 먼저 2주간의 사전 참여실습을 하고, 4주의 보육활동운영 실습을 하는 형태의 실습과정이다. 이 유형에서는 실습생이 2주간의 사전 참여실습 기간 동안 모든 연령의 반에서 참여관찰을 하며, 연령별 영유아의 발달적 특성에 따른 일과운영의 흐름과 보육교사의 역할을 배울 수 있도록 한다.

예를 들어, 2세반에서 **보육활동운영 실습**을 하기로 한 실습생의 경우, **참여실습**을 하는 2주 동안 0세반에서 2일, 1세반에서 2일, 3세반에서 2일, 4세반에서 2일, 5세반에서 2일 참여관찰을 하는 형태이다.

4주간의 보육활동운영 실습을 하는 반에서 관찰자 및 보조교사로 참여하기 시작하여, 점차적으로 하루 일과의 일부분 동안 한 영역에서의 보육활동을 시작으로 영유아를 지도하고, 차츰 반일이나 하루 일과 전체 동안 영유아를 지도하는 과정으로 보육현장실습을 진행한다.

분리형 A 보육실습 진행과정의 예시는 다음과 같다.

<table>
<tr><th colspan="2">주</th><th>1일차</th><th>2일차</th><th>3일차</th><th>4일차</th><th>5일차</th></tr>
<tr><td colspan="2">사전 방문과 교육</td><td colspan="5">• 사전 방문하여 사전교육을 실시함
• 보육실습 일정과 내용, 준비물, 준비 서류 및 기타 유의사항 협의</td></tr>
<tr><td rowspan="2">사전 참여 실습 (2주)</td><td>1주</td><td colspan="5">• 어린이집의 운영 철학 및 서비스 등의 특징을 파악하기
• 어린이집 보육교직원들과 친밀감 형성하기
• 모든 연령의 반에 참여관찰(일과운영, 보육환경, 영유아-교사 상호작용 등)
• 보조교사로서의 역할 수행하기
• 보육실습일지 작성 및 참관 경험에 대한 저널 작성하기</td></tr>
<tr><td>2주</td><td colspan="5">• 보육활동운영 실습 반의 관찰(일과운영, 보육환경, 영유아-교사 상호작용 등)
• 보육실습교사 역할 수행
• 실습 반의 영유아와 친밀감 형성하기
• 보육실습일지 작성 및 지도교사 평가
• 3주차 영역별 보육활동 선정 및 계획안 제출</td></tr>
<tr><td rowspan="9">보육 활동 운영 실습 (4주)</td><td rowspan="3">3주</td><td colspan="5">• 보육활동운영 실습 반의 관찰(일과운영, 보육환경, 영유아-교사 상호작용 등)
• 보육실습교사 역할 수행
• 실습 반의 영유아와 친밀감 형성하기</td></tr>
<tr><td></td><td></td><td></td><td>영역별 보육활동실습</td><td></td></tr>
<tr><td></td><td>영역별 보육활동 선정</td><td></td><td>자기평가, 지도교사 평가</td><td>4주차 영역별 보육활동 계획안 제출</td></tr>
<tr><td rowspan="2">4주</td><td></td><td></td><td>영역별 보육활동실습</td><td></td><td></td></tr>
<tr><td>영역별 보육활동 선정</td><td></td><td>자기평가, 지도교사 평가</td><td>연계활동 계획안 제출</td><td>연계활동 자료 준비 및 제작</td></tr>
<tr><td rowspan="2">5주</td><td></td><td>연계활동 실시</td><td></td><td></td><td></td></tr>
<tr><td></td><td>자기평가, 지도교사 평가</td><td colspan="2">반일(일일)보육 계획 협의</td><td>반일(일일)보육 계획안 제출</td></tr>
<tr><td rowspan="2">6주</td><td></td><td></td><td>일일(반일) 보육활동 실시</td><td rowspan="2">최종 어린이집 실습평가회(원장, 지도교사, 지도교수 등의 참여)</td><td rowspan="2">실습일지 및 기타 실습 관련 서류 제출</td></tr>
<tr><td colspan="2">일일(반일)보육활동 자료 점검</td><td>자기평가, 지도교사 평가</td></tr>
</table>

출처: 보건복지부, 육아정책연구소(2016).

분리형 B	사후 참여실습 사례(4주 보육활동운영 실습 + 2주 사후 참여실습)

　분리형 B 사후 참여실습은 4주의 보육활동운영 실습과 2주의 참여실습을 하는 실습과정이다. 4주의 보육활동운영 실습을 충실히 한 후, 실습한 연령의 반을 제외한 모든 연령의 반에서 2주간 참여관찰을 하는 유형이다. 참여실습이 보육활동운영 실습 이후에 이루어져 연령별 영유아의 발달적 특성에 따른 일과운영의 흐름을 자신의 실습 경험을 바탕으로 배울 수 있는 장점이 있다.

　예를 들어, 3세반에서 4주간 보육활동운영 실습을 하고 나서, 참여실습을 하는 동안 0세반에서 2일, 1세반에서 2일, 2세반에서 2일, 4세반에서 2일, 5세반에서 2일 참여관찰을 하는 형태이다.

　분리형 B 보육실습 진행과정의 예시는 다음과 같다.

주	1일차	2일차	3일차	4일차	5일차
사전 방문과 교육	• 사전 방문하여 사전교육을 실시함 • 보육실습 일정과 내용, 준비물, 준비 서류 및 기타 유의사항 협의				
보육 활동 운영 실습 (4주) / 1주	• 실습 반 관찰(일과운영, 보육환경, 영유아-교사 상호작용 등) • 실습 반의 영유아와 친밀감 형성하기 • 보조교사 역할 수행 • 어린이집의 운영 철학 및 서비스 등의 특징을 파악하기 • 어린이집 보육교직원들과 친밀감 형성하기 • 보육실습일지 작성 및 지도교사 평가 • 2주차 영역별 보육활동 선정 및 계획안 제출				
2주		영역별 보육활동실습		영역별 보육활동실습	
2주		자기평가, 지도교사 평가	영역별 보육활동 선정	자기평가, 지도교사 평가	연계활동 계획안 제출
3주		연계활동 실시			
3주	연계활동 자료 준비 및 제작	자기평가, 지도교사 평가	반일(일일)보육 계획 협의		반일(일일)보육 계획안 제출
4주			일일(반일) 보육활동 실시		
4주	일일(반일)보육활동 자료 점검		자기평가, 지도교사 평가		
사후 참여 실습 (2주) / 5주	• 참여관찰(일과운영, 보육환경, 영유아-교사 상호작용 등) • 보조교사 역할 수행하기 • 보육실습일지 작성 및 참관 경험에 대한 저널 작성 및 지도교사 평가 • 6주차 영역별 보육활동 선정 및 계획안 제출				
6주		영역별 보육활동 실시		최종 어린이집 실습평가회(원장, 지도교사, 실습생, 지도교수 등의 참여)	실습일지 및 기타 실습 관련 서류 제출
6주		자기평가, 지도교사 평가			

출처: 보건복지부, 육아정책연구소(2016).

분리형 C	보육활동운영 분리 사례(3주 보육활동운영 실습 + 3주 보육활동운영 실습)

　마지막 안인 **분리형 C**는 보육활동운영 실습을 분리하여 운영하는 형태로, 보육활동운영 실습을 3주씩 나누어 실시하는 유형이다. 다른 보육실습기관에서 실습을 2회로 나누어 운영하고자 할 때 선택할 수 있는 안으로 3주의 보육활동운영 실습을 각 2회씩 실시하는 경우이다. 3주 중 1주차에는 **참여관찰**과 보육활동운영 계획을 주로 하며, 2주와 3주차에는 실제 보육활동운영에 참여하는 형태이다. 이러한 3주 보육활동운영 실습을 2회 반복하여 실시한다.

　예를 들어, 3세 이상의 유아반에서 3주간 보육활동운영 실습을 한 후, **영아반**에서 3주간 보육활동운영 실습을 진행하는 안이다.

　분리형 C 보육실습 진행과정의 예시는 다음과 같다.

주		1일차	2일차	3일차	4일차	5일차
사전 방문과 교육		• 사전 방문하여 사전교육을 실시함 • 보육실습 일정과 내용, 준비물, 준비 서류 및 기타 유의사항 협의				
보육 활동 운영 실습 I (3주)	1주	• 어린이집의 운영 철학 및 서비스 등의 특징 파악 • 어린이집 보육교직원들과 친밀감 형성 • 실습 반 영유아와 친밀감 형성하기 • 보육실습생으로서의 역할 수행 • 본실습 반 관찰(일과운영, 보육환경, 영유아-교사 상호작용 등) • 보육실습일지 작성과 지도교사의 평가 • 2주차 영역별 보육활동 선정 및 계획안 제출				
	2주				영역별 보육활동 실습	연계활동 계획안 제출
					자기평가, 지도교사 평가	
	3주		연계활동 실시		중간 어린이집 실습 평가회(원장, 지도교사 등의 참여)	실습일지 및 기타 실습관련 서류 제출
		연계활동 자료 준비 및 제작	자기평가, 지도교사 평가			
보육 활동 운영 실습 II (3주)	4주				영역별 보육활동 실습	
				영역별 보육활동 선정	자기평가, 지도교사 평가	
	5주			반일(일일)보육 계획 협의		반일(일일)보육 계획안 제출
	6주			일일(반일) 보육활동 실시	최종 어린이집 실습 평가회(원장, 지도교사 등의 참여)	실습일지 및 기타 실습 관련 서류 제출
		일일(반일)보육활동 자료 점검		자기평가, 지도교사 평가		

출처: 보건복지부, 육아정책연구소(2016).

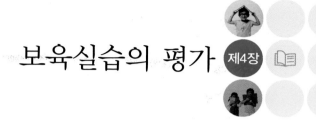

보육실습의 평가 <small>제4장</small>

보육실습의 평가는 크게 보육실습기관의 보육현장실습에 대한 '**과정평가**', 양성교육기관의 보육실습 전 과정에 대한 '**총괄평가**'로 구분된다. 이 장에서는 보육실습의 평가를 보육실습기관에서의 평가와 양성교육기관에서의 평가로 구분하고, 보육실습 평가의 내용과 유의사항, 보육실습 교과목의 점수 부여 등에 대해 알아보고자 한다.

1. 보육실습기관에서의 평가

보육실습기관에서는 보육실습생이 참여한 6주의 실습기간 동안 이루어진 실습생의 실습일지 작성, 보육활동계획안 작성 및 실행, 관찰기록 작성 등 보육현장실습의 과정에 대해 평가한다. 여기에서는 먼저 보육실습기관의 보육현장실습 과정평가에 대해 살펴보고자 한다.

1) 보육실습기관 과정평가의 내용

보육실습기관에서는 실습생의 보육현장실습을 지도, 관리, 감독하고, 실습 종료 후 실습평가와 관련된 서류를 작성하여, 양성교육기관에 송부해야 한다.

보육현장실습 중 보육실습생에 대한 평가점수는 실습지도교사와 실습기관 의 원장이 부여하는데, 실습지도교사는 실습생이 제출한 객관적인 자료와 수 행에 근거하여 신뢰성과 타당성이 있는 평가를 해야 한다.

보육실습 평가 시 유의할 사항은 다음과 같다(보건복지부, 육아정책연구소, 2016).

- 실습기간 동안 실습생을 관찰하여 기록하고, 평가기록 내용을 보관한다.
- 보관한 평가 자료를 충실히 검토하여 신뢰성, 타당성을 가진 평가를 한다.
- 개인적 느낌이 아니라, 정확하고 객관적인 기준에 따라 평가한다.
- 실습기간 동안 지속적 평가가 이루어지도록 다양한 보조도구를 사용한다.
- 보육실습 평가를 빌미로 교재교구를 더 제작하도록 요청하거나, 보육실습 이외의 기간에 출근하여 행사를 돕도록 하는 등 평가를 악용하지 않는다.
- 실습지도교수가 실습기관을 방문할 경우, 실습생에 대한 전반적인 평가 의견을 안내하여 양성교육기관의 보육실습 지도에 기초자료를 제공한다.
- 보육실습의 평가는 평가의 영역과 내용에 따른 배점표를 기준으로 하여 엄 정하게 진행해야 한다.

2) 보육실습기관의 보육실습평가회

보육실습평가회는 보육실습이 종결된 이후 보육교직원과 실습생이 함께 참 여하여 실습에 대해 평가하는 시간이다. 평가회는 보육실습생에게 반성적 사고의 기회를 제공하여 예비보육교사의 역할 수행 경험을 되돌아보고, 자신의 장점과 단점을 파악하여 향후 보육교사로서의 진로에 확신을 갖도록 도와준다. 보육실습을 2회로 나누어 진행할 경우 보육활동운영 실습을 경험한 기관에서 최종 실습평가회를 개최한다(보건복지부, 육아정책연구소, 2016).

실습지도교사와 실습생의 관계는 인간적인 관계와 더불어, 직무수행과 관련된 사무적 관계를 동시에 형성한다. 보육실습기관의 원장은 실습지도교사와 실습생의 인간관계와 직무관계를 통합적으로 지원하고 관리하는 역할을 수행한다.

보육실습 평가를 위해 보육실습기관의 원장과 실습지도교사가 수행할 수 있는 역할은 다음과 같다(한국보육진흥원, 2010b; 2013b).

(1) 보육실습기관 원장의 평가

- 실습지도교사의 보육실습 지도에 대해 객관적으로 평가하고 바람직한 보육실습의 방향을 제시한다.
- 적절한 **보육실습 지도**를 위해 보육실습의 전 과정을 관리 및 감독한다.
- 실습지도교사가 열의를 가지고 보육실습생을 지도할 수 있도록 실습지도교사를 지지하고, 업무상 어려운 점을 파악하여 조언한다.
- 보육실습일지 점검이나 보육실습생과의 면담을 통해 실습생의 어려움을 경청하고 해결방안을 모색한다.
- 실습지도교사와의 협의를 통해 보육실습에 대한 전반적인 평가를 한다.

(2) 보육실습지도교사의 평가

- 실습생의 행동과 태도를 관찰하여 기록 및 평가하고 예비보육교사로서의 역할을 잘 수행하도록 지도한다.

- 보육실습생의 바른 언어 사용, 영유아를 존중하는 태도, 성실성, 책임감 등을 관찰하여 미숙한 점과 부족한 점을 조언한다.
- 보육실습생의 보육활동계획안을 검토하여 보육교사로서의 전문성을 향상시키도록 구체적으로 제안해 준다.
- 보육실습을 진행하는 동안 실습생의 언어, 자세와 태도, 직접 작성한 자료와 보육일지 등을 세심하게 검토하여 타당한 평가를 실시한다.
- 보육실습생의 보육활동실습에 대해 계획 및 준비부터 결과까지 구체적인 평가를 실시한다.
- 지도교사의 주관성이 아닌 객관적인 평가를 통해 실습생의 자기반성적 사고에 도움을 주는 합리적인 평가를 실시한다.
- 보육실습을 시작할 때부터 마칠 때까지 지속적인 평가가 이루어지도록 다양한 평가 보조도구를 활용한다.
- 보육실습 결과보고서를 객관적으로 작성한다.

2. 양성교육기관에서의 평가

1) 양성교육기관 총괄평가의 내용

보육교사 양성교육기관에서는 보육실습기관과 동일한 평가기준을 사용할 수 있으나, 다양한 평가도구나 준거를 활용하여 종합적인 평가를 실시하는 것이 바람직하다. 양성교육기관에서는 보육실습기관의 [보육실습 평가서]에 근거하여 보육실습생의 보육실습 결과를 최종적으로 평가하는데, 구체적인 내용은 다음과 같다(보건복지부, 육아정책연구소, 2016).

양성교육기관에서의 총괄평가 근거자료

- 보육실습기관에서 송부된 [**보육실습 평가서**](〈표 4-1〉 참조)
- 보육실습기관에서 송부된 [**보육실습 결과보고서**](〈표 4-2〉 참조)
- 작성이 완료된 [**보육실습일지**](〈표 4-3〉 참조)
- 보육실습생이 제출한 각종 자료(포트폴리오, 사진자료, 계획안 등)
- 보육실습생의 [**자기평가표**](〈표 4-4〉 참조)
- **실습지도교수와의 면담**
- **실습평가회** 참여 정도

출처: 한국보육진흥원(2013a).

양성교육기관에서는 보육실습기관에서 평가하여 송부한 [보육실습 평가표]와 [보육실습 결과보고서], 실습기관 방문을 통해 확보한 원장과의 면담자료, 실습기관의 현황과 실태, 실습생의 관찰기록, 실습생이 작성을 완료한 [보육실습일지], [**보육활동계획안**], 교구제작 계획안, 사진자료 등과 같은 각종 자료에 근거하여 종합적으로 평가한다.

보육실습기관에서 송부된 [**보육실습평가표**]의 평가 내용에 대해 보육실습생과 공유할 경우, 평가 총 점수보다는 영역별로 실습생 본인의 실습평가 정도와 지도교사의 평가 내용을 비교하며, 실습생이 예비보육교사로서 자신의 장단점을 파악할 수 있는 기회를 제공한다(한국보육진흥원, 2013a).

2) 실습지도교수의 보육실습기관 방문

실습생의 충실한 보육현장실습을 위해서는 양성교육기관과 보육실습기관

간의 협력이 매우 중요하다. 보육현장실습 지도를 위한 양 기관 간 협력은 보육
실습기관을 선정한 때부터 시작되며, 실습기간 동안 실습지도교수는 보육실습
현장을 방문하여 실습생을 지도한다. 보육실습기관 방문 시 실습지도교수는
실습지도교사에게 양성교육기관의 운영 특성, 실습생의 성격과 배경, 보육실
습 준비 상태 등의 정보를 제공하고, 실습지도교사는 실습생의 보육실습 상황
을 실습지도교수에게 알려 준다(임승렬, 2012).

실습지도교수의 보육실습기관 방문을 통한 점검은 보육실습이 종료된 이후
평가 및 사후관리에서도 매우 중요하므로, 실습지도교수는 보육실습기관을 방
문하기 전에 [보육실습기관 방문계획서]를 작성하며, 보육실습기관을 방문하기
이전에 다음의 내용을 고려하여 준비한다(한국보육진흥원, 2013a).

- 지도교수는 실습생의 보육실습기관을 방문한다.
- 방문지도가 어려운 경우 전화, 이메일 등으로 실습생을 지도한다.
- 방문 일정에 대한 계획을 구체적으로 수립한다.
- 방문할 어린이집과 전화로 연락하여 방문 일시를 정한다.
- 실습지도교수는 보육실습기관과 지속적으로 연락하여 상호 협력한다.

실습지도교수는 보육실습기관을 방문한 이후 기관에 대한 인상과 느낌, 방
문 소감, 실습지도교사나 원장과의 면담 내용, 실습생의 보육실습 과정 및 참여
태도, 보육실습 조건의 적합성, 어린이집의 요구사항, 취업상담 등을 종합 정리
하여 [보육실습기관 방문 결과보고서]를 작성한다. 실습지도교수는 실습기관
방문을 통해 이후 실습기관으로 재선정해도 되는 기관인지를 판단하고, 이에
근거하여 우수한 실습기관을 선정하도록 한다.

더 알아보기

실습지도교수의 보육실습기관 방문 시 유의사항

• 담당 실습생의 보육실습 진행 여부를 세밀히 관찰한다.
• 실습생을 심리적 · 정서적으로 지원한다.
• 보육실습기관장 및 실습지도교사와 실습생의 보육실습 수행에 관해 협의한다.
• 실습생의 보육실습 현황, 원장과 실습지도교사의 지도상 어려움을 경청한다.
• 양성교육기관과 보육실습기관 간에 지속적으로 협력하고 유대관계를 유지한다.
• 실습생의 실습 시 어려움을 경청한다.
• 보육실습기관의 협조 정도와 기관의 인적 · 물리적 환경을 파악한다.
• 보육실습기관이 실습지도에 적합한 시설 규모와 운영 특성을 갖추었는지 확인한다.

출처: 한국보육진흥원(2013a).

3) 양성교육기관의 보육실습평가회

보육실습생이 보육실습을 마친 이후 보육교사 양성교육기관에서는 보육실습평가회를 개최한다. 실습평가회에서는 실습생 모두가 한자리에 모여 실습기관의 환경과 시설 특성, 보육프로그램 운영의 특성, 보육실습 시 어려웠던 점, 보육실습일지 작성, 보육실습 전후의 변화, 보육실습 운영, 원장과 실습지도교사와의 인간관계, 동료 실습생과의 관계 등에 대해 중점적으로 논의한다.

실습평가회는 보육현장실습의 문제점과 개선방안을 모색하는 기회가 되므로, 실습생의 지도교사나 원장을 초대하여 보육실습기관의 입장에서 실습생에 대한 평가 내용을 듣는 것도 바람직하다.

더 알아보기

실습평가회 진행 시 실습생의 유의사항

- 보육실습 시 보육실습기관이나 실습지도교사의 잘못된 점보다는 현장에서 이론을 접 목한 점, 지도교사의 적절한 조언이나 평가, 현장에서 배울 점 등에 대해 열린 자세를 가지고 실습생으로서의 자신을 평가한다.
- 지속적인 개선 노력을 통해 보육교사로서의 전문성 확보에 대한 다각적인 해결방안에 중점을 두고 다른 실습생과 의견을 나눈다.
- 6주 동안 진행된 보육실습의 내용에 중점을 두어 스스로 자신의 자질을 평가하고 예비 교사로서 성장할 수 있는 장점과 강점을 평가해 본다.
- 영유아를 상세히 관찰하고 직접 지도한 보육활동의 경험을 바탕으로 자신의 지도법에 대해서 평가하고 다른 실습생들과 비교해 본다.
- 동료 실습생들의 실습일지를 서로 나누어 읽고 서로에게 조언을 해 주는 상호 보완적 평가의 시간을 갖는다.

출처: 한국보육진흥원(2013a).

더 알아보기

보육실습 교과목의 성적

- 보육실습의 평가는 보건복지부 장관이 정하는 [보육실습일지]와 [보육실습 평가서]에 근거한다.
- 평가점수가 80점 이상인 경우에만 보육실습을 이수한 것으로 인정한다.
- 보육교사의 자격 취득을 위해서는 보육실습기관에서의 실습점수와 보육실습 교과목의 이론점수의 합이 80점 이상이어야 한다.
- 보육실습의 15~16주 교과목의 점수 부여는 양성교육기관의 학칙에 따른다.
- 점수 부여에 대한 학칙의 구체적인 내용은 강의계획서에 제시한다.

출처: 보건복지부, 육아정책연구소(2016); 「영유아보육법 시행규칙」(2016. 8. 1. 시행).

〈표 4-1〉 보육실습 평가서

보육실습 평가서

성명:
주민등록번호:
보육실습기간: 20 년 월 일 ~ 20 년 월 일

평가영역 (배점)		평가항목	배점	점수
근무태도와 자질(20점)	근무 사항	출석, 결석, 지각, 조퇴 등	5	
	태도	성실성, 근면성, 친절, 적극성, 복장 및 용모, 예절	5	
	자질	영유아 존중, 책임감, 인성, 열의	5	
	관계 형성	실습지도교사와의 관계, 동료 실습생과의 관계	5	
보육활동 계획과 실행 (30점)	보육활동 계획	영역별, 반일(일일)보육활동 계획의 적합성과 충실한 준비	15	
	보육활동 실행	영역별, 반일(일일)보육활동의 효과적이고 적절한 실행 정도	15	
예비보육교사 로서 역할 수행(30점)	영유아 행동 및 놀이 관찰, 보육환경 관찰		5	
	보육일과 진행 보조와 일상생활지도		10	
	영유아 상호작용과 놀이 참여		15	
보육실습일지 작성(10점)	구체적이고 충실한 보육실습일지 작성과 일일자기평가 및 지도교사 평가 반영		10	
총평(10점)	실습기간 동안 예비보육교사로서 향상 정도		10	

20 년 월 일

보육실습지도교사:　　(인)

어린이집 원장:　　(인)

〈표 4-2〉 보육실습 결과보고서

보육실습 결과보고서

1. 보육실습생과 실습기관 정보

실습생 정보			
성명		학교/학과	
보육실습기간	20 년 월 일 ~ 20 년 월 일 (연속 6주 240시간 이상)		
학번		주민등록번호	
주소		연락처	전화번호
			메일주소

보육실습기관 정보			
기관명		기관유형	
주소		연락처	전화번호
			메일주소

2. 보육실습 평가 결과

근무태도와 자질 (20점)	보육활동 계획과 실행 (30점)	예비 보육교사로서 역할 수행 (30점)	보육실습 일지 작성 (10점)	총평 (10점)	총점 (100점)

년   월   일

_____ 원장   직인

〈표 4-3〉 보육실습일지

일시	년 월 일 요일 날씨:		결재	실습생	지도교사	원장
				㊞	㊞	㊞
반명	반 (세)		출석 영유아 수	남아 명 / 여아 명		
주제			소주제			
시간 및 일과	활동 내용			평가 및 유의점		
~ 9:00 등원 및 맞이하기						
~18:00 귀가 및 가정과의 연계						
실습생 평가						
지도교사 조언 및 평가						

〈표 4-4〉 보육실습생의 자기평가표

번호	평가 항목	못함				잘함
		1	2	3	4	5
1	보육목표를 달성할 수 있는 보육내용을 영유아의 흥미, 수준에 근거하여 적합하게 선정하였는가?					
2	영유아의 흥미와 능력, 사전경험을 잘 관찰하여 영유아 지도계획에 활용하였는가?					
3	보육활동계획안이 적절하게 계획되고 성실하게 준비되어 실행에 무리가 없었는가?					
4	보육활동계획에 따라 자료를 충실히 준비하였는가?					
5	영유아의 행동을 민감하게 파악하며 상호작용에 최선을 다했는가?					
6	다양한 흥미영역에 고루 참여하여 영유아의 놀이가 지속되고, 확장되도록 놀이를 촉진하였는가?					
7	영유아의 기본생활습관이 형성되도록 동기를 잘 유발하였는가?					
8	대소집단 활동 시 보육교사로서 다양한 교수법을 활용하여 효과적으로 활동을 이끌었는가?					
9	영유아의 부정적 정서나 갈등적 상황을 잘 파악하여 긍정적으로 수용하고 적절하게 해결되도록 지도하였는가?					
10	영유아의 개별적 특성, 개인차를 고려하여 지도를 하였는가?					
11	영유아를 존중하는 언어를 사용하고, 영유아가 잘 알아들을 수 있도록 어휘, 발음, 음성의 고저, 빠르기 등에 노력을 기울였는가?					
12	보육실습일지의 내용과 평가 등을 성실히 기록하였는가?					
13	영유아의 안전, 위생, 건강에 각별히 신경을 썼는가?					
14	영유아의 낮잠, 간식, 점심, 배변활동, 이 닦기, 손 닦기, 옷 입기 등 일상생활이 영유아 스스로 즐겁게 할 수 있도록 지도하였는가?					
15	보육실의 통풍, 채광, 정리정돈 등 청결한 환경을 위해 노력하였는가?					
16	보육실습기관의 지도 방침에 적극 협력하였는가?					
17	보육실습지도교사와의 관계를 원만히 유지하며 성실히 임했는가?					
18	보육실습 동료들과 잘 협력하였는가?					
19	영유아의 수준과 흥미에 적합한 활동을 계획하고 다양한 활동을 적절히 지도하고자 관련 문헌이나 전문서적을 찾아보고자 노력하였는가?					
20	실습기간을 통해 보육교사로서의 전문성이 스스로 향상되었다고 여겨지는가?					
	합계					

보육실습생의 자기평가표
보육실습생 성명:

제2부

보육현장실습의 준비

Practicum in Child Care & Education

어린이집 일과운영의 이해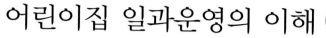

이 장에서는 보육실습생이 보육현장실습에 참여하기 이전에 어린이집의 일과가 어떻게 진행되는지를 이해할 수 있도록 연령별 일과구성 및 일과운영의 실제를 영아반과 유아반으로 구분하여 살펴본다.

1. 어린이집 일과운영

1) 일과운영의 개념

일과운영이란 교사가 영유아들이 경험하게 될 많은 교육적·일상적 활동을 일일 단위로 순서와 시간의 양을 정하여 배열하고 이를 실행하는 것을 말한다(한국보육진흥원, 2010a). 먼저, 일과는 하루라는 시간의 단위를 의미하고, 다양한 단위활동으로 구성되며, 시간별로 구분된 활동이 규칙적으로 제시되지만, 각 활동의 활동시간은 다르게 운영된다.

일과는 각 시간과 활동의 성격에 따라 다양한 장소와 사람, 물건 등과의 상호작용으로 구성되고 실행되며, 계획과 평가가 실제로 반영되는 상호작용과 교수법이라는 보육교사의 전문 능력에 의해 실행되고 결정된다.

2) 일과구성 및 운영

등원에서 하원까지 영유아를 안정적으로 보육하기 위해서는 체계적인 일과운영이 필요하다. 영유아의 연령, 흥미, 발달적 특성을 고려하여 시간을 배치하였는지가 일과운영에서 중요한 고려사항이다. 어린이집 일과구성 및 운영은 영아반과 유아반에 따라, 그리고 영아반과 유아반 내에서도 연령에 따라 일부 차이는 있으나, 일반적인 일과구성은 다음과 같다(성미영, 김진경, 서주현, 민미희, 김유미, 2015).

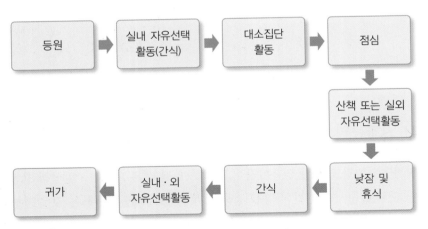

[그림 5-1] **어린이집 일과구성**

출처: 한국보육진흥원(2010a).

(1) 등원

등원은 어린이집에서 영유아의 하루 일과가 시작되는 출발점이다. 교사는 영유아가 등원하기 전에 미리 보육실에 도착하여 보육실을 살펴보고 환기를 시키며 적당한 온도와 습도로 조절하고, 실내의 위험 요소나 청결여부를 점검한다. 또한 일일 보육계획안을 실행하기에 문제가 없는지를 확인한다. 각 흥미영역에 주제에 적합한 놀잇감이 충분히 배치되어 있고, 각 흥미영역의 환경구성이 잘 되었는지, 그리고 교사와 영유아를 위한 교재교구가 준비되어 있는지 확인한다.

(2) 자유선택활동

자유선택활동 시간은 보육실에 구성된 흥미영역에서 이루어지는 실내 자유선택활동과 실외 공간에서 이루어지는 실외 자유선택활동으로 구분된다. 그리고 자유선택활동이 이루어지는 시간대에 따라서 등원 이후 오전시간에 이루어지는 오전 자유선택활동과 낮잠 및 휴식시간 이후 오후시간에 이루어지는 오후 자유선택활동으로 구분할 수 있다.

(3) 대소집단활동

집단활동은 유아들이 함께 모여 활동을 하는 것으로 인원 구성에 따라서 대집단활동과 소집단활동으로 구분된다. 집단활동의 횟수, 진행시간 등은 영유아의 흥미, 발달 특성, 활동의 특성, 활동이 이루어지는 시기, 보육실의 공간, 보조인력의 여부 등을 고려하여 융통성 있게 운영한다. 소집단활동으로 진행하는 것이 효율적이지만, 나머지 영유아를 돌볼 보조인력 없이 담임교사 한 명이 활동을 진행해야 한다면, 소집단활동을 실행하기 어려운 경우가 있다. 반대로 대집단활동을 하기에는 공간이 협소하거나 영유아가 활동하기에 교사의 도움이 일대일로 이루어져야 하는 경우에는 대집단활동의 실행이 어려울 수 있다.

(4) 간식 및 점심시간

간식과 점심시간에는 영유아가 영양적으로 우수한 음식을 섭취하여 성장에 도움이 되도록 하고, 영유아의 위생 개념과 식습관이 형성되도록 지도해야 한다. 위생 개념 형성을 위하여 영유아가 간식이나 점심을 먹기 전에 손을 씻도록 지도한다. 어린이집에서는 일반적으로 1회 식사와 2회 간식을 제공한다. 간식 및 점심시간은 단순히 음식을 먹는 시간이라기보다는 영유아가 다양한 음식을 접해 보고, 선호하는 음식의 폭을 넓히며, 영양적으로 균형 있는 음식에 대해 관심을 가지는 시간이다.

(5) 휴식 및 낮잠시간

영유아들은 자신의 신체 리듬을 유지하고 신체발달을 돕기 위하여 적절한 휴식이 필요하다. 어린이집에서는 보통 점심식사 이후에 영유아의 연령에 따라 시간을 조절하여 휴식 및 낮잠시간을 제공한다. 영유아들이 하루 일과 중 필요한 경우는 언제나 개별적으로 휴식을 취하도록 공간을 마련해 주고, 쉴 수 있도록 배려한다. 휴식은 오전의 활동으로 인한 영유아의 피로를 풀어 주고, 활기차게 오후 보육활동에 참여하도록 돕는다. 매일 일정한 휴식시간을 정하되 개인차, 하루 일과의 특성, 날씨 등을 고려하여 운영한다.

(6) 실외활동

실외활동은 실내활동을 연장하고 실외의 자연환경을 통해 사고를 확장할 수 있는 장이 된다. 실외에서는 계절에 따른 자연의 변화를 직접 보고 느끼며, 실내에서 할 수 없는 놀이기구를 이용한 대근육활동이나 물·모래놀이, 자전거

타기, 뛰어다니기, 동·식물을 기르고 관찰하기 등 다양한 경험을 할 수 있다.

(7) 전이시간

전이시간은 하나의 활동이 끝나고 다음 활동으로 이어지기 위한 시간을 의미하는데, 정리시간, 화장실을 다녀오는 시간이 대표적이다. 정리시간은 전체 정리정돈 시간과 개별 영유아가 자신의 활동을 마친 후 다른 놀이로 전이할 때 가지고 놀던 놀잇감을 정리하고 이동하는 것까지 포함한다. 화장실을 다녀오는 것은 영유아의 기본적인 욕구에 의해 일과 중 수시로 일어나는 행동이다. 그러므로 획일적으로 운영할 수는 없지만, 대체로 자유놀이를 마치고 정리한 후, 점심시간 이전, 낮잠시간 전후, 실외활동 전후에 화장실을 다녀오도록 하여 다음 일과를 준비하도록 한다.

(8) 하원 및 가정과의 연계

하원시간은 영유아가 어린이집에서의 생활을 마무리하는 시간으로 부모를 다시 만나는 시간이다. 이때 교사와 부모는 하루 일과에 대해서 이야기를 나눈다. 하원시간을 준비하기 위하여 교사는 하루를 돌아보고, 특별한 일이나 느낀 점을 영유아에게 물어보며 영유아가 스스로 자신의 하루를 돌아보도록 한다. 그리고 다음 날의 일과와 연계되도록 기대감을 갖게 하거나 가정에서 이루어졌으면 하는 활동에 대해 이야기를 나눈다.

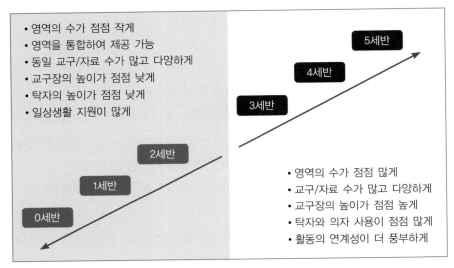

- 영역의 수가 점점 작게
- 영역을 통합하여 제공 가능
- 동일 교구/자료 수가 많고 다양하게
- 교구장의 높이가 점점 낮게
- 탁자의 높이가 점점 낮게
- 일상생활 지원이 많게

5세반
4세반
3세반
2세반
1세반
0세반

- 영역의 수가 점점 많게
- 교구/자료 수가 많고 다양하게
- 교구장의 높이가 점점 높게
- 탁자와 의자 사용이 점점 많게
- 활동의 연계성이 더 풍부하게

[그림 5-2] 일과운영을 위한 연령별 환경 구성

출처: 중앙육아종합지원센터(2016).

2. 영아반 일과운영

일반적으로 어린이집에서 영아반의 하루 일과는 등원 및 맞이하기, 일상생활, 실내자유놀이, 실외놀이, 하원 및 가정 연계의 활동으로 구성된다.

0~2세 영아는 기본적인 감각능력을 통해 주변 환경을 탐색하고, 자신의 신체를 긍정적으로 인식하며, 신체를 조절하고, 기본 운동능력을 키워 나간다. 오전 등원 시 영아의 건강 상태를 확인하는 것이 중요하고, 실외놀이를 매일 계획하고 실행하도록 일과를 구성한다(정옥분 외, 2016). 영아반의 하루 일과구성은 〈표 5-1〉에 제시된 바와 같다.

〈표 5-1〉 0~2세 영아반의 하루 일과구성

활동명	0세	1세	2세
등원 및 맞이하기	등원 및 맞이하기	등원 및 맞이하기	등원 및 맞이하기
일상생활	수유 및 이유	점심 및 간식	점심 및 간식
	낮잠	낮잠	낮잠
	기저귀 갈기	기저귀 갈기, 배변활동	배변활동
실내자유놀이	신체	신체	신체
	언어	언어	언어
	감각 · 탐색	감각 · 탐색	감각 · 탐색
		역할 · 쌓기	역할 · 쌓기
			미술
			음률
실외놀이	실외놀이	실외놀이	실외놀이
하원 및 가정 연계	하원 및 가정 연계	하원 및 가정 연계	하원 및 가정 연계

출처: 보건복지부(2013).

더 알아보기

보육실습기관 일과운영에 대한 보육실습생의 고려사항

- 보육실습기관의 특성에 따라 시간운영과 활동량이 조절된다.
- 연령별 보육실 일과운영은 시간대에 따라 조절하여 적용할 수 있다.
- 영아반은 일상활동 위주로, 유아반은 교육활동 위주로 활동량이 조절된다.
- 연령이 높을수록 개별활동 → 소집단활동 → 대집단활동의 시간과 양을 늘린다.

출처: 한국보육진흥원(2010a).

〈표 5-2〉 1세반 하루 일과운영의 예

시간	주요 일과	주요 활동 및 내용
7:30~9:00	등원 및 맞이하기	• 반갑게 인사 나누기 • 영아의 상태 살피기 • 부모와 대화하고, 영아의 소지품을 확인 · 정리하기 • 부모와 인사하며 헤어지기
9:00~9:20	자유놀이	• 등원하는 대로 놀이와 활동을 자유롭게 하기
9:20~9:40	정리 및 화장실 가기	• 놀잇감 제자리에 가져다 놓기 • 기저귀 갈기 • 화장실 사용이 가능한 영아는 화장실에 다녀오기
9:40~10:00	오전 간식	• 교사의 도움을 받아 손 씻기 • 교사와 함께 간식 먹기
10:00~10:40	실내자유놀이	• 발달상황 및 요구를 고려하여 놀이하기 • 놀잇감 분쟁이나 문제를 해결할 수 있도록 돕기
10:40~11:00	정리 및 화장실 가기	• 놀잇감을 제자리에 가져다 놓기 • 기저귀 갈기 • 화장실 사용이 가능한 영아는 화장실 다녀오기
11:00~11:40	실외놀이	• 자유롭게 움직이며 놀이하기 • 교사가 계획한 활동 해 보기 • 여러 가지 사물이나 현상을 탐색하도록 격려하기
11:40~12:40	점심 및 이 닦기	• 교사의 도움을 받아 손 씻기 • 점심 먹기(교사의 도움을 받아 식사하기)
12:40~15:00	낮잠 및 휴식	• 개인용 이불과 베개 준비하기 • 기저귀 갈기 • 화장실 사용이 가능한 영아는 화장실 다녀오기 • 자장가나 조용한 음악을 들으며 잠자기 • 늦게 잠들거나 일찍 깨는 영아는 휴식을 갖거나 조용한 놀이하기

15:00~15:20	정리 및 화장실 가기	• 기저귀 갈기 • 화장실 사용이 가능한 영아는 화장실 다녀오기 • 잠자리 정리하기
15:20~15:40	오후 간식	• 교사의 도움을 받아 손 씻기 • 교사와 함께 간식 먹기
15:40~18:00	오후 실내외 자유놀이	• 발달상황 및 요구를 고려하여 실내외에서 놀이하기 • 놀잇감 분쟁이나 문제를 해결할 수 있도록 돕기
18:00~19:30	하원 및 부모와의 연계	• 개인 소지품 정리, 전달사항 일일보고서에 기록하기 • 자유롭게 놀이하며 부모가 오는 대로 하원하기 • 영아의 하루 일과에 대해 부모와 이야기 나누기

출처: 손순복, 정진화, 박진옥(2015).

더 알아보기

영아반(0, 1, 2세) 일과운영을 고려한 보육실습지도

• 0세반 보육실습 내용에서는 수유 및 이유, 기저귀 갈기, 잠재우기, 안아 주기 등의 일상
  적 양육과 사회 · 정서적 상호작용, 안전이 중요하며, 개별적인 보살핌과 지도가 중심
  이 되므로 이러한 내용을 보육실습지도에 포함한다.

• 1, 2세반의 경우에도 영아들의 일상적 양육이 중요하므로 보육실습 내용에 이를 포함
  하여야 하며, 대집단 형태가 아닌 영역별 연계활동 및 소집단 놀이활동 위주로 보육실
  습지도가 이루어져야 한다.

• 일과운영 중 정리정돈, 수유 및 이유, 점심 및 간식, 낮잠 및 휴식, 이 닦기 등 일상생활
  지도에 대해서는 보육실습생이 실습지도교사의 지도내용을 충분히 관찰하도록 한 이
  후 실습생이 시작할 수 있는 부분부터 지도하며, 실습지도교사가 담당할 부분에 대해
  서는 보육실습생이 참관하며 간접적으로 경험하도록 지도한다.

출처: 한국보육진흥원(2013a).

3. 유아반 일과운영

일반적으로 어린이집에서 유아반의 하루 일과는 등원에서 시작하여 하원으로 끝나는데, 그 사이에 일상생활, 실내 자유선택활동, 대소집단활동, 실외놀이가 진행된다. 특히 3~5세 유아반의 하루 일과구성에서는 자유선택활동과 대소집단활동이 강조된다. 유아반의 하루 일과구성은 〈표 5-3〉에 제시된 바와 같다.

〈표 5-3〉 3~5세 유아반의 하루 일과구성

활동	3세	4세	5세
등원/하원	등원/하원		
일상생활	점심 및 간식		
	낮잠		
	배변활동		
	정리정돈		
실내 자유선택 활동	쌓기 역할 미술 언어 수 · 조작 과학 음률	쌓기 역할 미술 언어 수 · 조작 과학 음률	쌓기 역할 미술 언어 수 · 조작 과학 음률
대소집단활동	이야기 나누기 문학 음악 신체	이야기 나누기 문학 음악 신체 수 · 과학 미술	이야기 나누기 문학 음악 신체 수 · 과학 미술
실외활동	실외활동	실외활동	실외활동

출처: 보건복지부(2011).

〈표 5-4〉 5세반 하루 일과운영의 예

시간	주요 일과	주요 활동 및 내용
7:30~9:00	등원 및 통합보육	• 부모와 유아를 반갑게 맞이하며 인사 나누기 • 유아의 건강, 심리상태를 살피고 관찰하기 (통합보육실에서 활동)
9:00~9:30	조용한 놀이	• 등원하는 유아를 맞이하면서 조용한 영역에서 놀이하기
9:30~9:50	오전 간식	• 손 씻은 후 간식 먹기/간식 접시 스스로 정리하기
9:50~10:10	일과 소개 및 놀이계획	• 인사 나누기 및 출석 부르기 • 오늘의 날씨 소개하기, 하루 일과 소개하기 (자유선택활동 시간 각 흥미영역의 놀이 소개하기)
10:10~11:10	자유선택활동	• 흥미영역별 놀이하기 (새롭게 시작한 놀이, 전날부터 계속 진행되는 놀이 등)
11:10~11:30	정리정돈	• 놀이 정리하기
11:30~12:00	대소집단활동	• 이야기 나누기, 게임, 동시, 음률, 컴퓨터활동 등 주제와 관련한 대소집단활동 • 대집단활동이 등원 후 먼저 실시되면 일과 소개하기로 대체
12:00~12:40	실외활동	• 교사가 준비한 실외놀이활동이나 대근육활동 등 놀이 • 오전 실내활동 연계 및 확장활동 • 날씨에 따라 실내 신체놀이로 대체
12:40~13:30	점심식사	• 정리정돈 후 손 씻기(바른 식습관 지도하기)
13:30~14:00	이 닦기 지도 및 조용한 활동	• 식판과 자리 정리(올바른 방법으로 스스로 이 닦기) • 식사 후 조용한 놀이하기(독서, 쓰기, 미술활동 등)
14:00~15:20	낮잠 및 휴식	• 조용히 음악 들으며 잠들기 • 잠을 자지 않는 유아는 책을 보거나 조용한 놀이하기 • 5세의 경우 특별활동 및 조용한 놀이하기
15:20~15:40	오후 간식	• 바르게 앉아서 간식 먹기
15:40~18:00	실내외 자유선택 활동 및 평가	• 소집단 또는 흥미영역별 실내 자유놀이 • 실외놀이
18:00~19:30	통합보육 및 하원	• 일과평가 및 내일의 준비 등에 대해 안내하기 • 통합보육실에서 놀이하며 부모가 오는 대로 하원하기 • 교사는 유아가 보호자와 귀가하는 것을 반드시 확인하기

출처: 손순복 외(2015).

더 알아보기

유아반(3, 4, 5세) 일과운영을 고려한 보육실습지도

- 영아반과 마찬가지로 유아반의 보육실습 내용에도 기본생활습관 및 안전 지도에 대한 내용을 포함한다.
- 유아반은 개별, 소집단, 대집단 활동을 모두 진행하며, 흥미영역도 영아반보다 더 세분화되므로 보육실습생이 다양한 유형의 활동을 경험해 보도록 지도한다.

출처: 한국보육진흥원(2013a).

실내외 놀이지도의 이해 제6장

　영유아는 스스로 놀이를 선택하고 자신의 의도대로 놀이하는 과정을 통해 다양한 방식으로 학습한다. 보육실습생은 연령별 학급의 놀이 특성 및 흥미 등을 사전에 파악하고 적절히 놀이에 개입해야 한다. 적절한 놀이 개입을 통해, 첫째, 영유아의 놀이활동 참여와 사회적 참여를 증진할 수 있고, 둘째, 영유아의 놀이 기술을 증진할 수 있으며, 셋째, 영유아 학습의 결정적인 순간에 도움을 줄 수 있고, 넷째, 영유아의 개별적인 접촉을 통해 친밀감을 형성하거나 정서적 지지를 제공할 수 있기 때문이다(Trawick-Smith, 2009).

　실습생은 [그림 6-1]과 같이 영유아의 놀이를 잘 관찰한 후 자신의 개입이 놀이를 지속하게 하거나 확장하는 것과 같은 도움이 되도록 하고, 영유아 스스로 놀이를 즐기게 되면 자연스럽게 놀이에서 빠져나와야 한다.

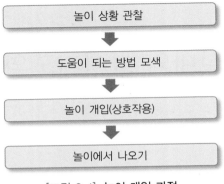

[그림 6-1] 놀이 개입 과정

1. 놀이지도

연령별 학급의 놀이 특성 및 흥미와 발달 특성은 각각 다를 수 있기 때문에 놀이에 개입하기 전에 해당 학급의 놀이 특성 및 영유아의 발달 특성에 대해 사전에 충분히 관찰하고 정보를 획득하는 것이 중요하다. 실습 초기에 해당 학급을 흥미영역별로 관찰하고, 관찰한 내용을 토대로 놀이 특성 및 영유아 발달 특성을 분석해야 한다. 실습 과정 중 담당 학급의 모든 흥미영역과 실내외놀이를 관찰할 수 있도록 관찰계획을 수립한다. 매일 모든 흥미영역과 실외놀이를 관찰할 수도 있고, 날짜별로 몇몇 흥미영역과 실외놀이를 집중적으로 관찰할 수도 있다. 다음 〈표 6-1〉은 1세반 관찰 계획의 예이다.

〈표 6-1〉 흥미영역, 소집단 및 실외놀이 관찰 계획

구분	월	화	수	목	금
흥미영역	신체영역 언어영역	신체영역 언어영역	감각 · 탐색영역 쌓기 · 역할영역	감각 · 탐색영역 쌓기 · 역할영역	음률영역 미술영역
소집단 활동	손유희 노래부르기	신체놀이 체조	음률놀이	동요, 동시, 동화	수놀이
실외놀이	신체영역	신체영역	감각 · 탐색영역	감각 · 탐색영역	음률영역 미술영역

〈예시 6-1〉과 같이 관찰내용을 토대로 학급의 놀이 특성을 분석한 후, 각 흥미영역별 놀이 개입의 방법을 모색해 본다. 흥미영역별 관찰, 관찰기록, 관찰내용 분석에 대한 자세한 방법은 10장에서 살펴볼 것이다.

〈예시 6-1〉 1세 영아반 역할놀이영역 관찰을 토대로 놀이 개입방법 모색하기

관찰 내용 1	관찰대상: 정○○(1세)　　　관찰일시: 2016. 11. 1. 관찰장면: 아기인형 놀이 관찰내용: 역할놀이영역에서 아기인형을 안고 "아기가 졸리대."라고 말한다. 아기인형을 안은 상태에서 반복해서 "졸리대."라고 이야기하자, 교사가 "아기가 졸리면 눕혀 줘야겠다."라고 이야기하였다. 쌓기영역으로 가서 종이블록 세 개를 나란히 놓더니 "침대야!"라고 한다. 종이블록 위에 아기인형을 눕힌다. 아기인형 위에 블록을 하나 더 놓더니 "이불이야."라고 한다. 1~2분 뒤 "이제 아기가 아프대."라고 말한다. 교사가 "아기가 어디가 아파요?"라고 물어보니 "머리가 아파! 목욕해야 해."라고 말한다. 교사가 "아기를 목욕시킬 거예요?" 하고 물어보니, "수건으로 닦아!"라고 말하며 쌓기영역에서 정사각형 블록을 가져와 아기를 닦는다. "이제 아기 안 아프대." 하며 다시 "아기 졸리대."라고 말한다.

관찰 내용 2	관찰대상: 정○○(1세)　　　관찰일시: 2016. 11. 3. 관찰장면: 아기인형 놀이 관찰내용: 역할놀이영역에서 아기인형을 안고 "아기가 졸리대."라고 반복적으로 말한 후, 종이블록 두 개를 나란히 놓더니 아기인형을 눕힌다. 손으로 아기인형을 토닥토닥 두드리며 "아기가 졸리대."라고 말한다. 잠시 후, "아이가 아프대."라고 말하며 교사를 바라본다. 교사가 "어디가 아픈가요?"라고 물어보자 손으로 아기인형의 머리를 가리킨다. 교사가 "머리가 아프대?"라고 말하니 영아는 고개를 끄덕인다. 교사가 "아기가 머리가 아프다는데 어떻게 하면 좋을까?"라고 말하자 장에 있던 스카프를 가져와 아기인형 머리에 올리며 "수건이야."라고 말한다. 교사가 "머리가 아프니까 머리에 찬물 수건을 올려 주는군요."라고 말하자 영아가 고개를 끄덕인다.
놀이 개입 방법	영아가 아기 돌보는 역할놀이를 즐겨 하고 있으며, 졸린 아기를 재우는 역할과 아픈 영아를 돌보는 역할을 반복적으로 하고 있다. 따라서 영아가 좋아하는 졸리는 아기 재우기와 아픈 영아 돌보는 역할놀이를 반복한 후, 아기를 재우기 위해 안고 우유를 먹이거나 업어 재우기, 자장가를 불러 주는 놀이를 모델링으로 시도해 볼 수 있다. 또한 아픈 영아를 돌보는 놀이로 병원에 가는 놀이, 약을 먹이는 놀이 등을 모델링으로 시도해 볼 수 있다.

　　이와 같이 해당 학급 영유아의 놀이 특성 및 발달 특성을 토대로 사전에 구체적이며 다양한 놀이지도 방법을 모색한 후, 실제 상황에서 가장 적절한 방법을 시도하는 것이 효과적이다. 한편, 영아와 유아는 놀이 수준에 차이가 있으므로, 영아반과 유아반으로 나누어 구체적인 놀이지도 방법과 흥미영역별 지도 지침을 살펴보고자 한다.

2. 영아반 놀이지도

1) 영아반 놀이지도의 지침

영아의 발달 특성상 집단으로 모이는 것이 어려우므로 영아반의 놀이지도에서는 집단으로 놀이를 계획하거나 안내하지 않고, 영아의 관심과 흥미에 따라 놀이에 참여할 수 있도록 해야 한다. 즉, 영아의 개별적인 특성과 흥미에 따라 놀이를 지도하는 것이 효과적이며, 영아가 선택한 놀이를 지속하도록 지도하는 방법과 새로운 놀이를 소개하는 방법으로 놀이에 개입할 수 있다.

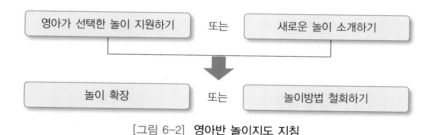

[그림 6-2] **영아반 놀이지도 지침**

■ **영아가 선택한 놀이 지원하기**

- 영아가 흥미를 가지고 놀이하는 것을 관찰한 내용을 토대로 분석된 영아의 흥미와 의도를 말로 표현하면서 상호작용을 시도한다.

  (여러 물체의 촉감을 손으로 만지고 있는 영아에게) "손으로 이렇게 만지니까 까끌 까끌하구나!"

  "이것은 까끌까끌하지 않네. 이것은 부드럽네."

- 영아가 스스로 선택한 놀이활동을 충분히 경험하도록 한다. 또는 영아가

충분히 탐색할 수 있도록 영아의 놀이방법을 지지하면서 기다려 준다.
- 선택한 놀이방법에 대한 흥미가 떨어지거나 다음에 어떤 놀이방법을 할지
모르는 영아의 모습이 관찰되면 새로운 놀이방법을 모델링해 준다.

"선생님은 이렇게 손으로 두드려 봐야지. 소리가 어떨까?"

이와 같은 놀이지도 방법을 통해 영아의 놀이가 지속되거나 확장되도록 한다.

■ **새로운 놀이 소개하기**
- 새로운 놀잇감을 눈에 잘 보이는 영역에 놓아두고 영아가 관심을 보이면
놀이를 소개한다. 놀이를 선택하지 못해서 방황하거나 새로운 놀이를 찾
는 영아에게 새로운 놀잇감을 소개한다.

"우아~~ 처음 보는 놀잇감이 있네. 이것은 무엇일까?"
- 영아 스스로 놀잇감이나 자료를 탐색하도록 한다. 위험하지 않다면 영아
의 모든 시도와 탐색방법을 격려하고 지지한다.

"아~~ 이렇게 해 볼 수 있구나."
- 놀이방법을 모델링해 주거나 조성하기 방법을 실행한다.

"선생님은 이렇게 해 봐야지. 우아! 이렇게 누르니까 뚜껑이 열리네!"
- 영아가 놀이하는 모습을 지켜보면서 격려한다. 이때 영아의 놀이 행동을
말로 표현해 주거나 얼굴 표정과 행동으로 영아의 놀이 행동을 지지하면
영아가 놀이에 좀 더 집중하고 오래 지속할 수 있다.

■ **놀이방법 철회하기**
영아의 놀이는 발달에 도움이 되는 '경험을 해 보는 것'이 주요한 목표이므로
대부분 특정한 결과물을 산출하지 않는다. 또한 영아는 개별적인 흥미가 독특

하기 때문에 실습생이 계획한 대로 행동하지 않는 경우도 많다. 놀이활동의 목표나 계획에 따라 영아가 실행하지 않거나, 계획과 전혀 다른 방법으로 놀이가 진행되는 경우에도 이를 적극적으로 수용해야 한다.

- 계획한 놀이방법을 따르지 않더라도 당황하지 말고 영아가 원하는 방법으로 놀잇감 등을 충분히 탐색하도록 한다.
- 영아의 놀이행동을 관찰하면서 영아의 흥미와 욕구를 파악하여 격려한다.
- 영아의 흥미와 욕구에 적절한 놀이방법으로 확장시키는 **모델링**을 시도해 본다. 영아가 이를 수용하지 않는다면, 다시 영아 스스로 선택한 놀이방법을 격려하면서 영아의 놀이를 관찰한다. 이때 영아 스스로 충분히 놀이하고 충분히 탐색할 수 있도록 지지하는 것이 중요하다.
- 영아의 놀이는 지속시간이 짧기 때문에 놀이 도중에 다른 놀이로 옮겨 갈 때 활동을 끝까지 마무리하도록 강요하지 않는다.

[그림 6-3] 영아반 놀이지도

출처: 연세대학교 유진어린이집.

2) 영아반 흥미영역별 놀이지도

대체로 영아는 보육실에 구성된 흥미영역별 놀잇감 중 하나를 선택하여 흥미를 보이면서 놀이를 시작한다. 따라서 영아의 흥미와 연령에 적합한 놀잇감과 놀이를 흥미영역별로 준비해 두는 것이 놀이지도의 시작이다. 따라서 하루 일과를 시작하기 전에 반드시 영아가 편안하게 이동하고 자유롭게 교구를 선택하여 놀이할 수 있는 공간 구성이 되었는지 확인하고 점검한다. 각 영역에 비치된 놀잇감 및 놀이활동을 토대로 '영유아교수방법'과 '놀이지도' 등의 교과목에서 학습한 영아의 연령에 적합한 구체적인 놀이방법에 따라 영아의 놀이를 지원하고 확장한다.

[그림 6-4] 영아반 흥미영역 예

출처: www.puruni.com

(1) 신체영역

영아는 신체발달이 급격하게 일어나므로 움직임의 욕구가 강하여 끊임없이 활동한다. 따라서 영아가 기고, 걷고, 뛰고, 오르내리는 등의 신체적인 기술을 연습하고 안전하게 이동하는 능력을 발달시키도록 돕는다. 이를 위해 먼저 신체영역이 안전하게 구성되어 있는지, 다른 영아와 부딪히지 않고 편안하게 신체활동을 할 수 있도록 충분한 공간으로 구성되어 있는지 점검한다. 영아가 신체활동을 시도할 때 가까운 위치에서 안전하게 놀이할 수 있도록 지원한다. 이때, 영아 스스로 시도할 수 있도록 유의하면서 지원한다.

■ 영아 신체놀이 지도방법
- 신체놀이를 하는 공간과 놀잇감이 안전한지 점검한다.
- 영아 간 충돌이 발생하지 않게 신체놀이기구는 충분한 공간을 확보한다.
- 영아의 움직임을 말로 표현해 주면서 영아의 신체놀이를 격려한다.
  "손을 위로 들고 흔드는구나."
  "하나, 둘, 하나, 둘, 계단을 하나씩 올라가네."
- 영아가 음악에 맞춰 신나게 몸을 움직이도록 모델링해 주거나 격려한다.
- 영아가 주제에 따른 신체놀이에 참여할 수 있도록 놀이를 소개한다.
- 또래의 움직임이나 신체놀이 방법을 말로 표현해 줌으로써 영아가 또래를 관찰하거나 따라 해 보도록 한다.

(2) 언어영역

영아가 듣고, 말하고, 읽고, 끼적이는 놀이가 이루어지도록 한다. 영아와 그림책을 함께 보면서 듣고 말하는 놀이가 이루어지며, 타인과 의사소통하는 놀이가 자연스럽게 이루어지도록 한다. 또한 인형 등의 소품을 활용하여 자신의 생각이나 느낌을 말하는 놀이, 종이에 끼적이는 놀이 등이 이루어지도록 한다.

■ 영아 언어놀이 지도방법
- 0세 영아의 옹알이에 최대한 반응해 준다.
- 0세 영아는 성인의 품에 안겨서 성인의 목소리를 귀 기울여 들을 수 있도록 하고, 영아와 눈을 맞추며 이야기해 준다.

- 0~1세 영아에게 적절한 헝겊책, 비닐책 등을 준비하고 영아가 안정적으로 책보기놀이를 할 수 있도록 푹신한 쿠션 등으로 구성한다.
- 1~2세 영아가 이야기할 때 최대한 귀 기울여 들어 주고, 영아의 이야기를 말로 재구성해 주며, 가능한 한 간단한 문장으로 이야기한다.
- 2세 영아의 흥미에 적절한 일상생활 주제 동화나, 2세 영아의 흥미에 적절한 그림책으로 구성한다.
- 영아 스스로 책을 선택하도록 하고 영아가 선택한 그림책을 함께 본다.
- 영아가 다른 사람의 말을 귀 기울여 듣는 행동을 격려한다.
- 동화를 읽어 줄 때 목소리의 크기 및 톤에 변화를 주어 영아가 이야기 내용에 따른 상황이나 분위기를 파악하도록 한다.
- 그림책을 보는 중에 영아가 다음 장을 넘기면 앞 장의 이야기를 간단히 마무리 짓고 다음 장의 이야기를 읽어 준다.
- 영아가 그림책에 관심 없어 하면 읽기를 중단하고 다른 놀이나 다른 책을 가져오도록 한다.
- 영아는 순서에 대한 이해가 부족하지만 영아들이 가져온 책을 순서대로 읽어 준다는 규칙을 반복적으로 안내하면서 책보기놀이를 한다.
- 책보기 중에 이야기에 제시된 행동을 시도해 보거나 영아와 관련된 경험과 연결하여 이야기를 나눌 수 있다.
- 영아가 쓰기도구에 관심을 보일 경우, 어린 연령의 영아는 바닥에 큰 종이를 붙여 주어 편안하게 끼적이기를 하도록 격려한다. 걸음마기 이상 영아에게는 지정된 벽이나 종이에 마음껏 끼적이기를 하도록 격려한다.
- 영아가 끼적이는 놀이를 할 때 다양한 형태를 끼적여 보도록 격려하면서 영아가 표현한 것에 대해 이야기해 볼 수 있다.

(3) 감각 · 탐색영역

영아는 감각을 사용하여 사물의 특성을 파악하고 사물에 대한 개념을 발달시킨다. 영아가 보고, 듣고, 만지고, 냄새 맡고, 맛보는 오감을 사용하여 다양한 탐색을 경험할 수 있도록 격려하고 놀이를 소개한다. 또한 눈과 손의 협응 능력을 발달시킬 수 있는 놀이활동을 지원한다.

■ **영아 탐색 · 조작놀이 지도방법**

- 영아가 흥미 있어 하는 탐색 · 조작놀이의 특성을 잘 관찰한 후 상호작용을 한다. 예를 들면, 소리 탐색에 흥미가 있는지, 모든 물건을 흔들어 보는 방법을 즐겨 하는지 등을 세심하게 관찰한 후 영아가 즐겨 하는 방법으로 놀이를 안내한다.
- 위험하지 않다면 영아가 원하는 탐색 방식을 수용한다.
- 영아가 스스로 탐색하고 조작할 수 있도록 충분한 시간과 공간을 제공한다. 이때 영아의 탐색을 격려하고 비언어적인 상호작용을 함으로써 영아의 놀이를 지원한다.
- 영아가 탐색하면서 하는 경험에 대해 언어로 표현해 준다. "손으로 만져 보니까 부드럽구나." "손가락을 꼭 누르니까 뚜껑이 열렸네." 등과 같이 영아의 경험을 구체적인 단어로 표현해 준다.
- 영아가 놀이를 지루해하거나 더 이상 흥미를 보이지 않으면 탐색 · 조작하는 새로운 놀이방법을 모델링해 준다.

(4) 역할 · 쌓기영역

일상생활에서 자주 경험하는 엄마 역할, 아빠 역할, 밥 먹기, 잠자기, 씻기, 병원 가기 등의 경험을 놀이로 재현하면서 주변 사람들에 대한 이해를 높이고 다양한 상황에 대한 이해를 높이도록 한다. 또한 영아는 블록을 들고 왔다 갔다 하거나 블록을 높이 쌓거나 늘어놓으면서 공간을 만들고, 자신이 경험한 공간을 블록으로 간단히 구성하면서 가작화해 볼 수 있다.

■ 영아 역할 · 쌓기놀이 지도방법
- 영아가 일상생활에서 경험하는 다양한 역할과 상황이 놀이로 이루어지도록 소품을 제공하거나 모델링한다.
- 영아가 반복적으로 즐겨 하는 역할놀이를 격려하여 충분히 즐길 수 있도록 한 후, 그 역할놀이와 관련된 새로운 아이디어를 제공해 준다.
- 영아가 고정적인 역할놀이만 반복하기를 원한다면 이를 수용해 준다. 이를 통해 영아 자신의 부정적인 감정을 해소할 수 있기 때문이다.
- 실제 사물과 유사한 놀잇감을 사용하여 영아의 가작화를 돕는다.
- 블록으로 높게 쌓고 무너뜨리는 것을 즐겨 하는 영아의 놀이 욕구를 수용하되, 주변 영아를 방해하지 않는 규칙을 지키도록 한다. 예를 들면, 일정 높이 이상 쌓지 않도록 하거나 자신이 쌓은 블록만 넘어뜨리도록 하여 영아들 간에 갈등이 발생하지 않도록 한다.
- 영아가 블록의 모양, 색깔, 크기 등에 대해 생각해 보도록 질문을 한다.
- 영아가 다양한 블록으로 구성물을 만들어 보도록 격려하거나 모델링한다.

(5) 미술영역

영아가 다양한 미술 재료를 탐색하고 미적으로 표현하는 기초를 경험하도록 한다. 발달 특성상 0~1세는 감각 · 탐색영역에서 관련된 활동을 진행하고 2세부터 흥미영역으로 구성한다. 바닥이나 벽에 끼적일 수 있도록 구성하고, 다양한 그리기 도구로 끼적이기놀이를 즐기도록 한다. 다양한 속성의 재료, 종

이류 등으로 꾸미기놀이, 물감놀이, 점토놀이 등을 통해 미적인 경험을 하도록
한다.

■ 영아 미술놀이 지도방법

- 영아가 다양한 미술 재료를 충분히 탐색할 수 있도록 한다.
- 미술놀이 과정에 초점을 두고 영아의 경험을 말로 표현해 주면서 영아가
  미술놀이 과정을 즐기도록 한다.
- 영아의 놀이행동을 구체적으로 격려해 준다. 예를 들면, "동그라미를 이렇게
  크게 그렸구나." "빨간색 종이를 붙이니까 멋지게 되었네." 등과 같이 영아의 구
  체적인 놀이 행동을 격려한다.
- 영아가 할 수 있는 붙이기, 끼적이기, 선 긋기 등의 단순한 놀이활동을 통
  해 심미감을 경험할 수 있도록 활동을 계획한다.
- 영아의 작품에 이름을 쓴 후 전시함으로써 영아가 자신의 작품을 자랑스
  러워하도록 한다.

(6) 음률영역

영아가 소리를 탐색하고 노래 부르고 다양한 소리와 리듬을 경험하면서 스
스로 다양한 소리를 만들어 보고 리듬에 맞추어 리듬악기를 연주해 보도록 한
다. 또한 음악을 듣고 그에 맞추어 신체를 움직이고 간단한 동작을 표현하는 놀
이를 즐기도록 한다.

■ 영아 음률놀이 지도방법

- 반주에 맞추어 노래 부르기에 참여하도록 영아와 함께 노래 부르면서 격
  려하되, 노래 부르기를 강요해서는 안 된다. 실습생이 즐겁게 노래 부르기

를 모델링하는 것이 효과적이다.

- 0~1세 영아는 노래 듣기를 좋아하므로 손유희나 리듬악기를 연주하면서 노래를 불러 준다.
- 노랫말에 영아의 이름을 넣어서 불러 주면 영아가 노래 듣기에 집중하고 노래를 즐길 수 있다.
- 충분한 공간을 제공하여 영아의 신체 표현이나 체조 활동 시 영아끼리 부딪히지 않으며 즐겁게 참여할 수 있도록 한다.
- 신체표현 놀이 중 영아가 과도하게 흥분하지 않도록 강약을 조절한다.
- 신체표현 놀이 시 특정 동작을 강요하거나 지시하기보다는 실습생이 제시하는 동작을 모델링하면서 영아가 자유롭게 몸을 움직이고 표현할 수 있도록 한다.

(7) 실외놀이

실내에서 진행한 놀이를 실외에서 확장하여 진행하거나, 실외에서 보다 자유롭게 할 수 있는 놀이, 계절과 자연의 변화를 경험할 수 있는 놀이를 경험하도록 한다. 복합놀이대를 이용한 신체놀이, 이젤을 이용한 미술놀이, 물·모래놀이, 다양한 자연물을 관찰하고 탐색하며 자연물을 활용한 놀이 등 실외에서만 경험할 수 있는 놀이를 즐기도록 한다.

■ 영아 실외놀이 지도방법

- 안전하게 신체놀이를 할 수 있는 영역 및 놀이기구를 명확히 알려 주고, 안전한 놀이 규칙을 안내한다.
- 영아의 다양한 신체 동작이나 신체 표현을 격려하면서 영아가 안전하게 놀이할 수 있도록 가까운 거리에 지원한다.

• 다른 사람을 방해하지 않으면서 안전하게 물·모래놀이를 즐길 수 있도록 일정한 규칙을 안내한다.
• 안전하고 다양한 방법으로 물·모래놀이를 시도해 볼 수 있도록 격려하거나 모델링한다.
• 영아가 실외환경, 동·식물을 관찰하고 특성에 대해 이야기해 보도록 한다.
• 영아가 관찰한 자연물을 모아서 미술놀이 등 다양한 놀이를 해 보도록 한다.

3. 유아반 놀이지도

　영아와 달리 유아의 실내 자유선택놀이 시간을 시작할 때, 유아들을 집단으로 앉히고 놀이를 소개한 다음 각 유아가 원하는 놀이를 선택하여 시작하도록 한다. 그리고 유아들의 놀이를 관찰하다가 학습과 발달을 촉진하기 위해 놀이에 개입하여 지도한다.

[그림 6-5] 유아반 놀이지도

출처: 연세대학교 유진어린이집.

1) 유아반 놀이지도의 지침

■ 놀이 소개하기

- 새롭게 제시되는 놀이를 소개할 때는 새로운 놀잇감, 새로운 놀이방법 및 놀이 시 주의할 점과 규칙을 자세히 안내한다.

  "오늘 과학영역에 여러 가지 돌이 준비되어 있단다. 각 돌들이 같은지 혹은 다른지, 어떤 모습인지 잘 살펴보고 자신이 알게 된 내용은 이 기록지(관찰 기록지를 제시함)에 적어 보자. 그리고 돋보기와 저울, 죽자도 함께 준비해 놓았으니 이것들을 사용해서 돌에 대해 알아볼 수도 있단다."

- 집단활동이나 실외활동에서 실시된 놀이를 자유선택놀이 시간에 다시 해 볼 수 있도록 하거나, 새로운 방법으로 놀이하도록 안내한다.

  "어제 대집단 시간에 선생님이 읽어 준 『집을 팝니다』 융판 동화책이 언어영역에 준비되어 있단다. 친구들에게 읽어 줄 수도 있고, 『집을 팝니다』 동화 내용을 더 재미있게 만들어 볼 수도 있단다."

- 유아들이 지속적으로 흥미 있어 하는 놀이는 간략히 명칭과 흥미영역만을 소개하는 것이 일반적이다. 유아들이 이미 놀이방법을 잘 알고 있기 때문이다. 그러나 전날에 유아나 교사가 새로운 놀이방법을 시도했다면 그 방법을 간략히 안내하면서 새로운 놀이방법을 시도할 수 있음을 안내한다.

■ 놀이에 개입하기

유아의 놀이에 개입하는 목적은 놀이 경험이 유아의 학습과 발달을 촉진하도록 돕기 위해서이다. 따라서 유아의 놀이 상황에 따라 근접발달지대(ZPD) 내에서 비계를 설정하고 성인의 개입 수준이 각각 달라야 한다. 브레드캠프와 로

즈그랜트(Brdedkamp & Rosegrant, 1992)는 [그림 6-6]과 같이 성인의 놀이 개입 수준을 제시하였다.

[그림 6-6] **놀이 개입 수준**

- **인정하기**(acknowledge)는 유아의 놀이에 관심을 보이고 유아의 놀이 행동 및 시도 등을 인정하고 긍정적으로 격려하는 것이다. 이때 '착하구나' '잘했구나'와 같이 유아를 평가하거나 추상적인 격려보다는 구체적으로 격려해야 한다.
- **모델 보이기**(modeling)는 그 상황에 적절한 놀이 행동을 모델링해 주는 것이다. 유아에게 어떻게 하라고 지시하는 것보다 적절하고 효과적인 놀이 행동을 실행하는 것을 보여 주면 유아는 그것을 '보고' 따라 함으로써 학습이 촉진될 수 있다.
- **촉진하기**(facilitate)는 근접발달지대 개념에 근거하여 유아가 다음 수준의 기능을 할 수 있도록 최소한의 도움을 주는 것이다. 따라서 실습생이 놀이에 도움을 제공하지만, 여전히 놀이의 주도권은 유아에게 있다.
- **지원하기**(support)는 유아가 현재 수준보다 상위 수준의 기능을 원활하게 할 수 있도록 지속적으로 도움을 주는 것이다. 따라서 유아에게 구체적인 도움을 지속적으로 제공하기 때문에 놀이의 주도권이 유아에게만 있다고 할 수 없다.
- **비계설정**(scaffold)은 **근접발달지대** 개념에 근거해서 현재 유아 수준보다 높

은 수준에 도전해 보도록 기회를 제공하는 것이다. 즉, 유아의 잠재력을 최대한 발휘할 수 있도록 놀이방법을 계획하고 도움을 제공함으로써 유아가 자신의 수준보다 더 높은 수준을 실행해 보는 것이다.

- 함께 구성하기(co-construct)는 새로운 놀이나 해결해야 하는 문제를 유아와 함께 학습하고 경험하는 것이다. 즉, 놀이를 함께 하는 파트너가 되어 문제를 해결하고 새로운 지식이나 정보를 알아 가는 것이다.
- 시범 보이기(demonstrate)는 직접 놀이 행동을 시범 보이고 유아가 이를 따라 하도록 하는 것이다. 따라서 '함께 구성하기'보다 더 지시적이고 의도적인 놀이 개입이다.
- 지시하기(direct)는 세부적이고 구체적으로 특정한 놀이방법을 지시하는 것이다. 따라서 성인의 의도가 가장 강력한 놀이 개입방법이며, 유아가 시행착오 없이 실행할 수 있도록 명확하게 지시해야만 한다.

이와 같이 성인의 개입 수준에 따른 8가지 놀이 개입 행동은 각각 독특한 특성이 있으므로, 유아의 놀이 상황에 가장 적절한 방법을 활용함으로써 유아의 학습과 발달을 지원해야 한다.

■ 놀이에서 나오기

유아의 놀이에 개입하여 놀이가 확장되거나 지속되었으며, 유아들이 놀이에 몰입하게 되었다면 자연스럽게 놀이에서 빠져나와야 한다. 이때 유아의 놀이에 방해되지 않게 조심하면서 자연스럽게 놀이에서 나오는 것이 중요하다. 첫째, 유아들이 놀이에 몰입하고 있어서 실습생이 놀이에서 빠져도 알아차리지 못하는 경우라면 조용히 놀이에서 나온다. 둘째, 실습생이 놀이에서 빠지는 것을 자연스러운 상황으로 만들어서 나올 수 있다. 예를 들면, 병원놀이 상황에서 실습생이 환자 역할을 한 후 진료를 끝내고 돌아가는 역할을 하면서 자연스럽게 병원놀이에서 빠질 수 있다. 셋째, 실습생이 놀이에서 나가는 것을 유아가 원치 않는 상황에서는 놀이에서 나오는 이유를 명확히 설명하고 나와야 한다. 예를 들면, "저 친구를 도와주어야만 해. 친구들과 놀이하고 있으렴."이라고 이야기하고 놀이에서 나오도록 한다.

2) 유아반 흥미영역별 놀이지도

유아는 흥미영역별로 구성된 놀이 중에서 자신이 개별적으로 선택하였기 때문에 적극적으로 놀이에 참여하고 주도적으로 다양한 놀이를 경험한다. 따라서 각 흥미영역별로 유아의 전인발달을 이룰 수 있는 놀이를 구성하고 적절한 놀이방법을 계획하여야 한다. 각 흥미영역별 놀이지도 방법은 '영유아교수방법'과 '놀이지도' 등의 교과목에서 보다 상세하게 다루었을 것이다. 여기서는 누리과정에서 제시한 쌓기놀이, 역할놀이, 언어놀이, 수조작놀이, 과학놀이, 미술놀이, 음률놀이, 실외놀이의 개략적인 놀이지도 방법을 살펴보고자 한다.

[그림 6-7] 유아반 흥미영역 예

출처: www.puruni.com

(1) 쌓기놀이

쌓기놀이는 여러 가지 모양, 크기, 색, 재질의 블록으로 다양한 공간과 구조물을 만들고 무엇을 만들었는지 명명하면서 유아가 생각하는 구조물을 표현하는 놀이이다. 따라서 유아의 블록 구성놀이 수준을 파악하고, 유아가 혼자 또는 또래와 함께 표현하고자 하는 구성물을 구성하도록 공간과 시간을 충분히 배려해 주어야 한다. 또한 유아가 구성할 때 모양과 형태에 대해 인식할 수 있도록 지원하고, 블록의 크기, 길이, 모양 등을 비교하면서 도형에 대한 개념을 획득하며 블록 쌓기를 통해 균형감을 발달시키도록 지원한다. 그리고 다양한 소품을 제시함으로써 보다 구체적이고 복잡한 모양을 구성할 수 있도록 하며, 역할놀이와 연계하여 놀이를 확장할 수 있다.

(2) 역할놀이

유아는 일상생활에서 경험한 역할, 상황, 사건, 사물을 가작화하는 놀이를 통해 역할에 적합한 언어, 행동 등을 알게 되고 사건과 상황에 대한 이해를 높일 수 있다. 3세 유아는 대체로 엄마와 아빠 흉내 내기, 음식 만들기, 병원놀이, 가게놀이 등 비교적 간단한 가작화놀이를 즐기는 반면, 4세는 박물관놀이, 소방서놀이 등 구체적인 사건과 상황을 상세히 가작화하여 즐긴다. 따라서 유아의 사전 경험을 잘 관찰하고, 사전 경험과 관련된 소품이나 사건 등을 제시하여 역할놀이가 활성화되도록 한다. 또한 유아의 역할놀이가 좀 더 구체적이고 상세하게 표현되는 것처럼 확장되도록 각 역할과 관련된 모델링이나 구체적인 정보를 제공하여 놀이를 지원할 수 있다.

(3) 언어놀이

언어놀이는 듣기, 말하기, 읽기, 쓰기의 총체적인 경험을 하는 놀이이다. 유아가 바람직한 태도로 다른 사람의 말을 듣고 이해하여 질문을 하거나 다음 이야기를 이어 나가는 능력이 증진될 수 있는 놀이방법을 활용한다. 그림책을 보고 자신의 느낌, 생각, 경험 등을 이야기할 수 있는 기회를 제공하며, 유아의 말을 잘 듣고 정확한 문장으로 구성해 줌으로써 유아의 언어발달을 촉진한다. 생활 속의 인쇄물을 활용하여 유아가 익숙한 단어를 찾아보거나 읽어 보도록 하는 등 일상생활 속에서 자연스럽게 읽기를 할 수 있도록 안내한다. 또한 유아의 쓰기 오류를 지적하기보다는 글자와 비슷한 모양으로 표현하는 유아의 능력을 격려함으로써 쓰기활동에 흥미를 갖도록 한다. 유아의 언어놀이는 유아의 개인적인 특성에 따라 차이가 많을 수 있으므로 각 유아의 개별적 특성을 고려하여 놀이를 지원해야 한다.

(4) 수조작놀이

유아가 흥미를 갖는 놀이 속에서 수 인식, 수 세기, 수 연산, 도형 및 공간 인식, 규칙성, 측정, 자료 해석 등의 수학적 지식을 구성하고 눈과 손의 협응능력을 증진할 수 있도록 지원한다. 따라서 가능한 한 유아가 직접 조작할 수 있는 놀잇감으로 놀이하도록 하고, 유아가 능동적이고 적극적으로 놀잇감을 조작하면서 문제를 해결하도록 지원한다. 특히 유아가 문제해결 과정에서 나타나는 오류를 즐기면서 스스로 오류를 파악하고 이를 해결하도록 지원해야 한다.

(5) 과학놀이

유아가 자신의 몸을 비롯한 모든 사물에 대해 호기심을 갖고 주변 환경과 사물을 관찰하면서 특성을 알아 가도록 지원한다. 유아의 호기심을 장려하기 위해 궁금한 사물에 대해 알아보는 놀이 행동을 모델링하거나 유아의 적극적인 탐색을 격려한다. 또한 다양한 사물과 사건을 탐색하면서 서로 같은 점이나 다른 점을 찾아보면서 특성을 파악하도록 격려한다. 자연이나 사물의 변화를 관찰하면서 가설을 설정하고 이를 검증하기 위한 다양한 방법을 시도해 보도록 격려함으로써 유아가 탐구하는 자세를 증진하도록 지원한다.

(6) 미술놀이

유아는 자기 주변의 사물, 사람 등을 간단하게 표상하여 그리는 놀이를 즐긴다. 또한 다양한 색을 알게 되어 색과 관련된 놀이를 즐기고, 여러 가지 물체나 재료를 이용해 자신이 생각하는 구성물을 만들고 꾸미는 놀이를 즐긴다. 따라서 유아가 자신의 생각을 자유롭게 표현할 수 있는 기회와 공간을 충분히 제공하고, 자신의 미술놀이 과정을 즐길 수 있도록 격려한다. 또한 유아는 자신의 놀이에 필요한 소품을 직접 제작할 수 있으므로 역할놀이나 쌓기놀이에 연계할 수 있도록 지원한다. 완성된 작품을 또래에게 서로 보여 주고 설명하도록 하는 등의 놀이방법을 통해 작품을 감상하는 경험을 갖도록 한다. 이 과정에서 유아의 작품에 대해 구체적으로 격려함으로써 유아가 자신을 자랑스러워할 수 있도록 지원한다.

(7) 음률놀이

대체로 유아들은 노래를 부르고 리듬에 맞추어 악기를 연주하거나 몸을 움직이는 등 음악적 요소를 즐긴다. 노래 부르기, 악기 연주하기 등을 통해 리듬, 강약, 속도, 음색, 패턴을 즐겁게 경험할 수 있도록 지원한다. 이때 유아가 편안하게 부를 수 있는 약 5음역 정도의 노래가 적당하다. 다양한 장르의 음악을 들을 수 있는 기회를 제공하고, 음악적 경험을 언어놀이, 신체놀이, 미술놀이 등과 연계된 놀이로 확장하도록 지원한다.

(8) 실외놀이

　일반적으로 유아는 하루 1회 1시간 이상 실외놀이를 하는 것이 적절하다. 실내 흥미영역과 유사한 놀이로 실외에서 즐길 수 있도록 하되 실내놀이와 연계하면 유아의 놀이 경험이 보다 확장될 수 있다. 또한 실외에서만 가능한 신체놀이, 자연물 탐색 등의 놀이를 통해 유아가 보다 다양한 놀이를 경험하도록 한다.

연습문제

다음 형식에 따라 담당 학급 영유아의 놀이 행동을 관찰하고 관찰한 내용을 토대로 놀이 개입 방법을 모색해 보시오.

대상 연령:		흥미영역:	
관찰 내용 1	관찰대상: 관찰장면 : 관찰내용 :		관찰일시:
관찰 내용 2	관찰대상: 관찰장면 : 관찰내용 :		관찰일시:
놀이 개입 방법			

대소집단활동의 이해 제7장

1. 영아반 소집단활동 지도

영아는 개별적인 요구가 다양하고 이를 민감하게 수용해 주지 않으면 놀이에 대한 흥미가 떨어지기 때문에 집단활동보다는 **개별활동**이 더 적절하다. 그러나 일과를 운영하다 보면 전이시간에는 모든 영아의 주의집중이 필요하기 때문에 간단한 손유희나 체조와 같은 **집단활동**을 실행하게 된다. 또는 계획하지 않았지만 그림책 보기나 밀가루 반죽놀이를 3~4명의 영아가 동시에 선택하여 참여함으로써 자연스럽게 소집단활동으로 운영되기도 한다.

1) 영아반 소집단활동 지도 지침

■ 비의도적인 소집단활동 지도

- 흥미영역별로 소집단활동이 운영되는 경우, 영아들은 같은 영역에서 동일한 놀이를 하지만 상호작용을 하거나 교류를 하는 경우는 드물다. 즉, 개별적인 놀이를 같은 영역에서 하는 **병행놀이** 수준이라고 볼 수 있다. 따라

서 영아들 간의 다툼이 발생하지 않도록 각 흥미영역에서 적정한 수의 영아가 놀이하도록 지도하고, 영아가 원하면 언제든지 다른 놀이나 흥미영역으로 이동하도록 한다.

- 실습생은 같은 흥미영역에서 놀이하는 영아들과 각각 1:1 상호작용을 한다. 예를 들면, 밀가루 반죽을 길게 만들고 있는 A 영아와는 "밀가루 반죽이 길게 길게 되었네. 아주 길어진 것 같아."라고 하면서 A 영아의 놀이 행동과 관련된 상호작용을 하고, 밀가루 반죽을 소꿉그릇에 넣고 있는 B 영아에게는 "맘마를 만드나 봐요. 아주 맛있어 보여요."라고 하면서 음식 만들기 놀이 행동과 관련된 상호작용을 하는 것이 효과적이다. 물론 놀이 과정 중에 각 영아의 놀이에 대한 내용을 이야기함으로써 영아들이 다른 영아의 놀이를 관찰하도록 하는 것은 필요하지만, 영아들 간의 상호작용을 지속적으로 증진하려는 시도는 적절하지 않다.

■ 계획된 소집단활동 지도

- 1세가 지나면서부터 영아는 성인의 지시에 따라 짧게 주의집중을 할 수 있다. 따라서 그림자료나 구체물 등을 활용하여 이름 말하기, 사물 가리키기와 같은 단순한 놀이방법을 활용한 이야기 나누기, 그림책 및 그림자료를 활용한 문학활동 등을 짧게 시행해 볼 수 있다.
- 간단한 동작을 따라 하거나 다양한 기구를 활용한 신체활동도 소집단으로 가능하다. 또한 또래와 함께 뛰어 보기, 끈이나 보자기를 크게 움직이도록 함께 흔들어 보기 등의 신체활동도 시도해 볼 수 있다. 단, 소집단으로 진행되는 영아의 신체활동이 안전하게 운영될 수 있도록 적절한 공간 및 영아 수를 유지해야 한다.
- 1세 후반이나 2세 영아는 간단한 규칙이 있는 게임놀이도 즐길 수 있다.

목표를 향해 팥주머니를 던지거나 바닥에 놓인 모양 위로 올라가기 등과
같이 순서를 기다리지 않고 모든 영아가 동시에 참여할 수 있는 놀이방법
으로 진행하는 것이 효과적이다.
- 영아의 발달 특성상 이러한 소집단 활동은 참여를 원하는 영아들을 대상
으로 해야 하며, 영아가 원하면 언제든지 활동을 그만두고 다른 활동에 참
여할 수 있도록 해야 한다.

■ 전이활동 시의 소집단활동 지도
- 영아의 주의집중 시간을 고려하여 가능한 한 모든 활동은 3분 이내로 짧게
진행해야 한다.
- 영아의 특성상, 모든 영아가 실습생 앞에 모이기를 시도하기보다는 2~3명
이상의 영아가 앞으로 오거나 실습생을 바라보며 주의를 집중할 때 바로
활동을 시작하는 것이 효과적이다.
- 영아의 주의를 집중시키기에 효과적인 노래나 챈트 등의 활동을 시작하면
멀리 있던 영아도 그 자리에서 주의를 집중하며 활동에 참여할 수 있다.
- 영아들에게 간단한 일과내용 등을 공지하는 것이 주요 목적 중 하나이므
로, 가능한 한 많은 영아가 집중하여 소집단활동에 참여했을 때 전달해야
하는 내용을 알린다.

2) 영아반 전이활동 유형

영아의 하루 일과가 자연스럽게 연결되도록 하기 위해 실행되는 대표적인
전이활동은 손유희, 노래 부르기, 악기놀이, 신체놀이, 동화·동시·동요, 수놀
이 등이 있다. 이러한 활동을 통해 영아가 무료하게 기다리지 않고 다음 활동을

준비하도록 한다.

(1) 손유희

실습 초기에 해당 학급의 영아들이 즐겨 하는 손유희를 파악하고, 이를 능숙하게 할 수 있도록 준비해 둔다. 노랫말에 강약이 있거나 영아 이름을 넣어서 부를 수 있는 손유희가 효과적이다.

〈예시 7-1〉 손유희: 오른손 왼손 아름다운 손

(2) 노래 부르기

영아들이 알고 있고 흥미 있어 하는 간단한 노래를 부른다. 이때 간단한 리듬악기를 활용하여 리듬에 따라 연주하면서 노래하면 효과적이다. 노래를 1~2번 연속적으로 반복해서 부르거나, 작은 목소리나 큰 목소리로 번갈아 부르는 방법도 효과적이다.

순서	내용	설명
1	오른손이 올라갑니다 반짝!	오른손을 반짝거리며 머리 위로 올린다.
2	왼손이 올라갑니다 반짝!	왼손을 반짝거리며 머리 위로 올린다.
3	반짝반짝 아름다운 손	양손 머리 위에서 반짝거린다.
4	만나서 내려옵니다	손뼉 1회 치고 나서 양손 깍지 끼고 내려온다.
5	머리에서 쉬어 갈까요 아니요!	머리를 토닥토닥 두드리고 나서 고개 젓기
6	어깨에서 쉬어 갈까요 아니요!	어깨를 토닥토닥 두드리고 나서 고개 젓기
7	배꼽에서 쉬어 갈까요 아니요!	배꼽를 토닥토닥 두드리고 나서 고개 젓기
8	무릎에서 쉬어 갑시다	무릎을 탁탁 치고 나서 손 무릎을 한다.

(3) 악기놀이

영아들이 노래 부르며 리듬악기를 연주하는 것에 익숙해지면 각 영아들이 원하는 리듬악기를 선택하게 하고 영아들이 즐겨 부르는 노래 2~3곡을 연결해서 부른다. 영아들은 노래를 듣고 리듬에 맞추어 리듬악기를 연주하거나 노래 중 자신이 아는 부분은 따라 부르면서 놀이를 즐긴다.

(4) 신체놀이

영아는 대체로 음악이 나오면 몸을 자연스럽게 흔드는 등 리듬에 맞추어 신체를 움직이는 동작을 즐기는 특성이 있으므로, 간단히 따라 할 수 있는 체조활동을 실시해 본다. 처음에 실습생이 시범을 보이며 모델링하는 것을 2~3차례 반복하면 몇몇 영아는 일부 동작을 따라 할 수 있다. 이와 같이 전이시간마다 동일한 체조 활동을 반복하면 학급 내 모든 영아가 체조 활동에 참여하여 즐기게 된다. 해당 학급 영아들이 즐겨 하는 체조가 있다면 실습생이 체조 음악과 내용을 정확하게 숙지하여 전이가 필요한 시간에 영아들과 함께 즐겁게 실행하는 것도 효과적이다.

(5) 동화 · 동시 · 동요

가장 쉽게 영아들의 주의를 집중시키는 놀이 중 하나는 그림책을 읽어 주거
나 동요나 동시를 읊어 주는 것이다. 특히 영아들이 자유선택놀이 시간에 즐겨
보았던 그림책이나 동요, 동시를 읽어 주면 흥미를 갖고 주의 집중을 쉽게 한
다. 따라서 해당 학급 영아들이 즐겨 읽는 그림책의 내용을 **낱장그림 동화**나 **융
판 동화** 등의 매체로 제작해서 제시하거나, 까꿍 원리를 활용한 동요나 동시판
으로 제작하여 활용하면 효과적이다.

[그림 7-1] 움직이는 동화: 달님 안녕

출처: 신유림 외(2007).

(6) 수놀이

수 이름에 관심이 많은 영아의 발달 특성을 토대로 영아 수준에 적절한 1~5까

지 수 세기 활동을 하거나 손가락을 활용한 수 세기, 융판 자료나 자석 자료를 활
용한 간단한 수 세기 활동도 전이활동으로 적절하다.

2. 유아반 대소집단활동 지도

　　유아의 집단활동은 교사가 준비한 방법에 따라 유아가 수동적으로 참여하는
것이 아니다. 일반적으로 교사의 질문에 유아가 답하는 방식으로 인식되어 있
으나, 이런 방식의 활동은 유아를 지루하게 만들고 교사의 권위에 눌려 유아가
집단활동에 참여하기를 꺼리게 만든다.
　　집단활동은 교사가 다수의 유아와 상호작용하면서 유아 스스로 생각할 수
있도록 하고, 다른 유아에게 유아의 생각을 전달하여 또래들과의 상호작용도
이루어지도록 운영해야 한다. 이를 위해 집단활동은 대체로 도입-전개-마무리
단계로 계획하고 진행한다. 유아의 주의집중 시간을 고려하여 3세는 최대 10분
정도로 하고, 4~5세는 20분을 넘지 않도록 한다.

[그림 7-2]　**유아반 집단활동**

출처: 연세대학교 유진어린이집.

1) 유아반 대소집단활동 지도 지침

■ 준비

• 전체 유아의 2/3 정도가 집단활동을 하기 위해 모여 앉았거나 준비가 되면 실습생은 전체 유아들을 한눈에 볼 수 있는 위치에 자리한다. 그다음 아직 자리에 앉지 못한 유아들을 기다리면서 간단한 활동(노래 부르기, 손유희 등)을 진행한다.

• 실습생은 전체 유아 앞에 위치하여 활동을 진행하기 때문에 자세를 바르게 해야 한다. 상체를 펴고 무릎과 다리는 직각으로 모아서 안정적인 자세를 취한다.

■ 도입

• 유아가 주제와 관련하여 생각하거나 자신의 경험과 관련지을 수 있는 질문이나 놀이방법을 제시하는 것이 효과적이다.

• 유아의 흥미와 동기를 높일 수 있는 질문을 다양하게 준비하고, 그림자료와 같은 매체를 활용하는 것이 효과적이다.

• 유아의 반응에 따라 계획한 도입 활동을 길게 하거나 짧게 할 수도 있다.

■ 전개

• 도입 활동에 이어서 계획한 활동을 자연스럽게 진행한다.

• 전체 유아의 반응을 관찰하면서 계획한 활동방법에 따라 진행하되, 교사가 일방적으로 전달하거나 주입시키지 않도록 주의한다.

• 활동 진행 과정에서 나타나는 개별 유아의 반응과 의견을 전체 유아들과 공유함으로써 유아들 간의 상호작용이 이루어지도록 한다.

- 유아의 흥미와 참여 정도에 따라 활동을 짧게 하거나 중단할 수도 있고, 중단된 활동은 다음 날 다시 계획해서 할 수 있다.

■ 마무리

- 집단활동이 끝나면 다음 활동에 대해 간단하게 안내하여 다음 활동으로 자연스럽게 전이되도록 한다. 예를 들어, "이제 화장실 갔다가 바깥놀이하러 나갈 거야. 선생님이 이름 부르는 친구부터 화장실에 갔다 와서 줄을 서자."라고 말한다.
- 대체로 집단활동이 끝나면 이동을 하게 되는데 동시에 많은 유아가 이동을 하면 혼잡하고 안전 문제가 발생할 수 있으므로, 시간 차를 두고 집단별로 이동하도록 한다. 나중에 이동하게 되는 유아들이 지루하지 않게 기다릴 수 있도록 흥미로운 놀이를 제시하거나 간단한 놀이 활동에 참여할 수 있도록 한다.

2) 유아반 집단활동 유형

대체로 유아 집단활동은 **이야기 나누기**(일과나 놀이 소개하기, 토의하기), **문학활동**(동화, 동시, 동요, 동극), **음률활동**(노래 부르기, 음악감상, 악기 연주), **신체 활동**, **수과학활동**(실험 및 관찰, 요리), **미술활동**, **게임** 등이 있다.

(1) 이야기 나누기

대집단 또는 소집단으로 유아들과 함께 앉아 하루 일과를 계획하기, 계절의 변화나 날씨, 출결상황, 일일 교육 주제, 유아의 경험이나 소개할 물건, 특정 주제에 대한 유아들의 생각, 느낌 등에 대한 이야기를 나누는 활동이다.

- 이야기 나누기 주제나 내용에 따라 집단의 크기를 결정한다. 하루 일과 계획이나 평가를 위한 이야기 나누기는 전체 유아가 모두 참여하는 대집단이 적절하고, 주제에 대한 이야기 나누기는 대집단이나 소집단으로 진행하는 것이 효과적이다.
- 이야기 나누기에 적절한 시간과 장소를 계획한다. 유아들이 비교적 잘 집중할 수 있는 시간, 유아의 집중이 방해받지 않을 장소와 유아의 배치 등을 계획한다. 일반적으로 유아들이 학급의 출입문이나 창문을 등지고 앉도록 하면 주의집중에 효과적이다.
- 이야기 나누기는 다양한 매체나 교수자료 등을 사용하여 비언어적인 매체의 효과를 잘 활용해야 한다. 언어만으로 이야기 나누기를 진행할 경우 유아가 쉽게 지루해하고 집중하기 어려워한다.
- 표준어를 사용하고 유아의 연령에 적절한 언어를 사용해야 한다. 유행어나 속어를 사용하는 것, 영아와 대화할 때 사용하는 베이비 언어 등은 사용하지 않도록 주의한다.
- 유아의 언어발달 수준을 고려하여 유아가 이야기할 때 재촉하지 않고 기다리며 경청하도록 하고, 유아에게 이야기할 때는 정확한 발음으로 표준어를 사용하도록 한다.
- 개방적인 질문을 통해 각 유아가 자신의 생각을 이야기할 수 있도록 하되, 다양한 질문방법을 사용하거나 중간중간 수렴적인 질문을 하여 유아가 이야기 전개과정을 이해하고 자연스럽게 참여할 수 있도록 한다.

(2) 문학활동

동화 문학성, 예술성, 교육성 등을 기준으로 동화를 선정한다. 동화 읽어 주는 활동 시간대(예: 자유선택놀이 시간 중 또는 대집단활동)와 동화 매체(예: 낱장그림 동화, 움직이는 동화, 융판 동화 등)를 선정한 다음 동화활동을 진행한다. 동화 내용을 충분히 이해한 다음에 유아에게 읽어 주어야 한다. 매일 동화를 들려주는 방법도 효과적이며, 유아의 반응을 살피면서 동화를 들려주되 유아에게 교훈을 주지시키거나 부각시키지 않도록 주의한다.

동시 · 리듬, 운율, 유아의 생활 경험이나 동물, 식물 등에 관련된 동시, 짧고 반복적이며 내용이 분명한 동시를 선정한다. 동시를 낭송하되 들려주기가 아닌 낭송하는 태도로 한다. 동시 내용과 관련된 실물자료나 그림자료를 활용하는 것이 효과적이다. 반복 음절이나 단어는 유아와 함께 반복하는 것이 효과적이며 배경음악을 사용하는 것도 적절한 방법이다. 5세의 경우 동시의 일부분을 바꾸어 동시를 만들어 보는 활동으로 확장할 수 있다.

동극 · 동화의 내용을 이해하고 동화에 등장하는 여러 인물의 역할을 맡아 극으로 표현하는 활동이 동극이다. 여러 인물의 역할을 재현함으로써 다양한 사람의 관점을 이해하며 표현의 즐거움을 경험하고 감상의 즐거움을 경험하도록 한다. 동극활동은 다음과 같은 절차로 진행하는 것이 효과적이다.

> 적절한 동화 선정 ◐ 적절한 매체로 들려주기 ◐ 동극에 적절하게 동화 내용의 순서와 내용을 조직하기 ◐ 동극에 필요한 소품 등을 유아들과 함께 준비하기 ◐ 역할을 정하고 동극 실행하기 ◐ 역할을 바꾸어서 동극 실행하기 ◐ 평가하기

(3) 음률활동

'새 노래 배우기'는 대체로 다음과 같은 과정으로 진행한다.

| 노래선정 | 교육주제, 유아의 일상생활, 자연, 계절 등에 관한 노래, 5음역 이내의 멜로디, 노랫말과 리듬 및 형식이 반복적인 것이 적절하다. |

| 들려주기 | 노래와 가사를 정확히 알고 들려주어야 한다. 간식시간, 휴식시간 등에 미리 들려주어 노래에 익숙해지도록 한다. |

| 노랫말 전달 | 노랫말과 관련된 실물자료나 사진자료를 활용하여 흥미를 유발한다. 3세아는 글자보다는 실물이나 사진 자료 등으로 노랫말을 스토리 들려주듯이 소개한다. 4~5세아는 노랫말자료를 활용하여 소개한다. |

| 멜로디 전달 | 반주 없이 멜로디만 들려주어 정확한 음을 알 수 있도록 한다. |

| 한가지 소리로 부르기 | '아~' 또는 '오~' 등 한 가지 음으로 부른다. |

'음악감상 활동'은 유아가 음악을 즐기고 음악과 친숙해지기 위해 필요한 활동이므로 많은 음악을 반복적으로 들려주기만 하는 것보다는 감상하기에 적절한 곡을 선정하고 깊이 있게 감상하도록 하는 것이 효과적이다. 음악감상 활동은 대체로 다음과 같은 절차로 진행한다.

| 감상곡 선정 | 이야기가 있는 곡, 만화음악, 영화음악, 동요 등 유아의 흥미를 유발할 수 있는 음악 또는 성악곡, 고전음악, 독특한 민속음악, |

재즈, 관악기, 타악기, 현악기, 건반악기 연구 음악 등 다양한
장르의 음악을 선정한다.

감상 분위기 조성

유아의 흥미를 유발할 수 있는 도입활동을 통해 음악감상에 몰
입할 수 있도록 한다. 유아가 음악감상을 즐길 수 있도록 지속
적으로 반복한다.

(4) 신체활동

신체활동은 유아의 기본운동능력을 중심으로 한 동작활동을 선정하고 충분
한 공간을 확보한 후 대집단이나 소집단으로 진행한다. 3세는 최대 20분 정도,
4~5세는 최대 30분 정도가 적절하다. 신체활동 시 리본막대나 스카프, 음악 등
의 소품을 활용하는 것이 효과적이다. 신체활동은 대체로 다음과 같은 절차로
진행한다.

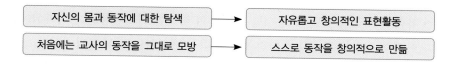

(5) 수과학활동

유아의 수학적 사고와 과학적 사고를 경험할 수 있는 내용을 선정하여 대집
단이나 소집단으로 진행할 수 있다. 과학활동은 소집단으로 진행하는 것이 더
효과적이다.

- 수학활동은 표준보육과정(누리과정)에 제시된 유아의 수학적 탐구내용을
중심으로 교육주제와 연관된 수학활동을 선정한다. 선정된 수학활동을
다양하고 실제적으로 경험할 수 있도록 프로젝트 접근이나 문학적 접근

등을 통한 실행이 효과적일 수 있다.

• 과학활동은 과학과정을 경험할 수 있도록 탐구 중심으로 진행되어야 한
다. 따라서 유아가 직접 조작하고 탐구하는 행위를 해 보고 다양한 결과를
도출해 낼 수 있는 실험 중심의 활동을 제공해야 한다. 특정 결과보다는
과학을 탐구하는 과정을 중요하게 여기도록 유아와 상호작용해야 한다.

(6) 미술활동

유아의 미술활동은 대체로 탐색-표현-감상 순으로 진행된다.

탐색	다양한 자료, 매체, 도구 등을 탐색하며 예술적 요소를 발견한다.
표현	다양한 자료, 매체, 도구를 활용하여 자신의 생각과 느낌을 표현한다(그림 그리기, 만들기, 꾸미기, 판화, 염색 등).
감상	주변 세계나 미술작품에 대한 생각, 느낌을 공유하고 나눈다.

• 유아의 소근육 발달 및 흥미를 고려하여 적절한 미술활동을 준비하되, 유
아의 개인차를 고려하여 이전 활동도 함께 제시하는 것이 효과적이다.

• 미술활동을 중심으로 다른 흥미 영역과 통합활동으로 진행하는 것이 효과
적이다.

(7) 게임

또래와 함께 놀이하기를 즐기는 유아에게 게임은 매우 흥미로운 활동이다.
대체로 3세는 승패보다는 또래와 함께 게임하는 것을 즐기며, 4세는 게임에 필
요한 간단한 지시사항을 이해하고 이를 지키며 게임을 할 수 있다. 5세는 복잡
한 규칙까지 이해할 수 있으며, 편으로 나누어 하는 게임도 가능하고, 소속감이
나 승패에 대한 인식이 명확하여 승부욕을 나타내기도 한다.

- 유아의 발달과 흥미, 관심에 적절하며, 교실이나 게임이 진행되는 장소에 적절한 게임을 선정해야 한다.
- 소외되는 유아가 없도록 게임을 진행해야 한다.
- 게임활동을 통해 가능한 한 긍정적이고 성공적인 경험을 할 수 있도록 단순한 게임방법으로 시작하는 것이 효과적이다.
- 팀으로 나눌 경우 팀의 이름, 점수를 결정하는 방법, 승부를 결정하는 방법 등 게임활동에 포함되는 내용들을 유아들과 의논하여 결정하는 것이 적절하다.
- 게임의 승패, 경쟁성, 승부욕보다는 게임의 과정을 즐기고 규칙을 정당하게 지키도록 하는 것이 중요하다.

〈표 7-1〉 연령에 따른 게임의 양상

연령	적합한 게임의 양상	승부욕의 발달 양상
3세	규칙이 단순하고 승패가 강조되지 않으며, 유아가 자유롭고 즐겁게 참여하여 즐길 수 있는 게임	게임을 이기고 싶어 하는 행동 시작
4세	게임방법이나 규칙이 다소 복잡한 게임도 할 수 있음. 또한 두 편으로 나누어 하는 게임이나 유아 개인별 게임을 즐김	승부욕이 점차 분명히 나타나 게임 시 이기고 싶은 욕구와 마음을 자유롭게 표현함. 때로는 실패를 이해하거나 받아들이기 힘들어함
5세	게임에 참여하면서 게임의 전략을 세워 서로 협동하는 게임, 보다 정교하고 세부적인 기술을 요하는 다양한 종류의 게임을 선호하며, 구체적으로 편 게임, 릴레이 게임, 2인 1조 게임 등을 즐김. 또한 자신이 소속된 팀의 의견에 따라 게임방법으로 변형시키거나 새로운 게임방법으로 고안하여 놀이하는 것을 즐김	승부에 대한 정당한 이유나 목적을 가지고 게임에 임함. 이기고 지는 상황을 자연스럽게 받아들임

출처: 김정원, 김유정, 이효정(2008).

연습문제

다음 형식에 따라 영아(또는 유아)를 위한 집단 활동을 계획해 보시오.

활동 제목:			
주제		소주제	
집단활동유형		연령	
활동목표			
활동자료			
활동내용			
도입			
전개			
마무리			
확장활동			

제3부

보육현장실습의 실제

Practicum in Child Care & Education

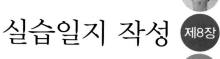

실습일지 작성   제8장

1. 실습일지 작성 지침

　보육실습일지는 보육실습 과정의 내용을 상세히 기록하고 이를 토대로 보육
실습이 효과적으로 이루어지도록 하기 위한 공식적인 문서이다. 보육실습일
지는 실습생의 출근, 보육실습기관 현황, 보육실습 일정, 보육실습 내용, 영유
아 관찰 및 행동연구, 보육실습 평가 등으로 구성되어 있다. 이에 대한 작성 지
침을 한국보육진흥원(2010b)의 『표준보육실습 지도 지침』과 보건복지부 · 육아
정책연구소(2016)의 『보육교사 양성과정 및 보육실습 매뉴얼 연구』에 기초하여
살펴보고자 한다.

1) 출근부

출근부에는 보육실습기간을 명시하고 근무 여부를 기록하여야 한다.

• 보육실습 일자를 기록하고 출근 여부와 근무시간을 날인한다.

출 근 부

학교명:	학과명:		학번:	이름: ○○○
보육실습기관	○○○어린이집		○세 ○○반	보육실습지도교사: ○○○
보육실습기간	20 . . ~ 20 . .			(총 주간)

구분	월	화	수	목	금
보육실습생	㉕	㉕	㉕	㉕	㉕
보육실습 지도교사	㉕	㉕	㉕	㉕	㉕
날짜	월 일 시 분부터 시 분까지	월 일 시 분부터 시 분까지	월 일 시 분부터 시 분까지	월 일 시 분부터 시 분까지	월 일 시 분부터 시 분까지
보육실습생	㉕	㉕	㉕	㉕	㉕
보육실습 지도교사	㉕	㉕	㉕	㉕	㉕
날짜	월 일 시 분부터 시 분까지	월 일 시 분부터 시 분까지	월 일 시 분부터 시 분까지	월 일 시 분부터 시 분까지	월 일 시 분부터 시 분까지
보육실습생	㉕	㉕	㉕	㉕	㉕
보육실습 지도교사	㉕	㉕	㉕	㉕	㉕
날짜	월 일 시 분부터 시 분까지	월 일 시 분부터 시 분까지	월 일 시 분부터 시 분까지	월 일 시 분부터 시 분까지	월 일 시 분부터 시 분까지
보육실습생	㉕	㉕	㉕	㉕	㉕
보육실습 지도교사	㉕	㉕	㉕	㉕	㉕
날짜	월 일 시 분부터 시 분까지	월 일 시 분부터 시 분까지	월 일 시 분부터 시 분까지	월 일 시 분부터 시 분까지	월 일 시 분부터 시 분까지
보육실습생	㉕	㉕	㉕	㉕	㉕
보육실습 지도교사	㉕	㉕	㉕	㉕	㉕
날짜	월 일 시 분부터 시 분까지	월 일 시 분부터 시 분까지	월 일 시 분부터 시 분까지	월 일 시 분부터 시 분까지	월 일 시 분부터 시 분까지

* 결석 · 지각 · 조퇴는 불가하며, 불가피할 경우 위의 기재된 보육실습기간 중 법적 이수 시간(240시간)을 채운다.

[그림 8-1] **출근부 기록 예시**

출처: 한국보육진흥원(2010b).

- 결석 사유가 발생할 경우 어린이집 원장, 보육실습지도교사와 사전에 논의하고 결석한 날만큼 보육실습기간 이후에 보충하여 보육실습기간 및 시수를 충족시키도록 한다.
- 지각·조퇴가 발생할 경우 부족한 시수를 보육해야 한다.

2) 보육실습기관 현황

　보육실습 전 오리엔테이션 때 보육실습을 하는 어린이집으로부터 설립 이념, 소재지 주소 및 연락처, 원장의 성명, 연령별 반 수와 영유아 수, 보육교직원 현황 등에 대한 정보와 연간 및 월(주)간 보육계획안, 기타 어린이집 프로그램 관련 자료, 담당하게 된 보육실습 학급의 영유아 연령 및 교사 대 영유아의 비율과 하루 일과운영 자료 등을 제공받는다. 이와 같은 자료를 토대로 보육실습 기관 현황을 정리하면서 실습하게 된 어린이집에 대한 구체적인 정보를 인지해야 한다.

보육실습기관 현황

기관명	○○○어린이집	유형	직장	운영체	○○○재단			
주소	서울시 ○○구 ○○로 107							
전화번호	02-○○○-○○○○		어린이집 원장	○○○				

설립이념 및 원훈	

연혁	2014년 2월 ○○○어린이집 총 3개 학급, 정원 49명 인가 2015년 11월 평가인증(3차지표)

기관특성	• 특수보육서비스(장애통합, 초등방과후, 야간, 연장, 휴일 보육 등) • 기타 사항: 평가인증(○), 서울형( )

연령별 학급	0세	1세	2세	3세	4세	5세	기타 종사자	사무원	취사부	영양사	간호사	기타
원아 수		10	14	12	13							
교사 수		3	2	1	1			1	1			

보육실습 학급현황

학급명	나비반(1세)	보육실습지도교사	○○○
영유아 수	남아 6명 여아 4명	보육교사 수	3명

[그림 8-2] **보육실습기관 현황 예시**

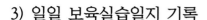

3) 일일 보육실습일지 기록

(1) 날짜, 날씨

날짜가 월초, 월말인지, 주초, 주말인지 등에 따라 일과운영과 관련성이 있다. 또한 날씨의 특성은 하루 일과운영에 직접적인 영향을 준다. 예를 들어, 미세먼지가 많은 날씨이면 실외놀이나 외출을 삼가야 하므로 하루 일과를 조정하게 된다. 따라서 실습생은 날짜와 날씨를 기록하면서 해당 일의 하루 일과운영 및 보육내용과의 관련성을 파악하도록 한다.

(2) 주제와 소주제

보육내용의 기초라고 할 수 있는 주제와 소주제 및 일일목표(일일목표가 보육계획안에 계획되어 있는 어린이집의 경우)를 실습할 학급의 보육계획안을 참고하여 기록한다. 주제와 소주제의 내용에 따라 해당 일에서의 보육활동의 종류와 흐름을 이해할 수 있기 때문에 이는 매우 중요한 사항이다.

〈예시 8-1〉은 날짜와 날씨, 주제와 소주제를 기록하면서 실습생이 추측하게 되는 보육내용의 사례이다.

〈예시 8-1〉 날짜와 날씨, 주제와 소주제 작성 사례

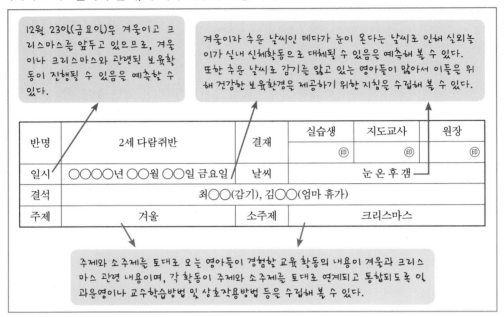

12월 23일(금요일)은 겨울이고 크리스마스를 앞두고 있으므로, 겨울이나 크리스마스와 관련된 보육활동이 진행될 수 있음을 예측할 수 있다.

겨울이라 추운 날씨인 데다가 눈이 온다는 날씨로 인해 실외놀이가 실내 신체활동으로 대체될 수 있음을 예측해 볼 수 있다. 또한 추운 날씨로 감기를 앓고 있는 영아들이 많아서 이들을 위해 건강한 보육환경을 제공하기 위한 지침을 수립해 볼 수 있다.

반명	2세 다람쥐반		결재	실습생 ㉑	지도교사 ㉑	원장 ㉑
일시	○○○○년 ○○월 ○○일 금요일		날씨	눈 온 후 갬		
결석	최○○(감기), 김○○(엄마 휴가)					
주제	겨울		소주제	크리스마스		

주제와 소주제를 토대로 오는 영아들이 경험할 교육 활동의 내용이 겨울과 크리스마스 관련 내용이며, 각 활동이 주제와 소주제를 토대로 연계되고 통합되도록 일과운영이나 교수학습방법 및 상호작용방법 등을 수립해 볼 수 있다.

이와 같이 날짜와 날씨, 주제와 소주제의 정보를 토대로 그날의 하루 일과 및 보육내용 등을 예상해 보는 것이 중요하다. 이를 통해 보육에 미치는 각 영향들을 구체적으로 체험할 수 있기 때문이다.

(3) 일과운영에 따른 보육내용

실습생이 해당 일의 일과운영에 참여하면서 경험하게 된 보육내용을 정리·분석하고 반성적인 사고로 이를 기록하는 내용이다. 따라서 다음의 지침에 유의하면서 기록하는 것이 효과적이다.

학급에서 이루어진 보육내용을 구체적으로 기록해야 한다. 그러나 〈예시 8-2〉와 같이 반복적으로 기록하지 않도록 주의한다.

〈예시 8-2〉 **일과 내용을 반복적으로 기록한 사례**

| 인사
나누기
(9:20~
9:40) | ■ 인사 나누기 및 놀이 계획하기
-아이들 10명 정도는 의자에, 10명 정도는 매트 위 바닥에 앉도록 한다. 이때 아이들 간의 적당한 간격을 조절해 준다.
-노래로 전이활동을 하며 아이들과 인사를 나눈다.
　"웃는 얼굴~ 예쁜 얼굴~ 아침 인사 나눠요~
　밝은 얼굴~ 멋진 얼굴로 아침 인사 나눠요~
　선생님 안녕하세요~ 친구들아 안녕~!"
-날짜판으로 오늘의 날짜와 날씨를 알아본다. 선생님의 물음 가사에 아이들이 대답한다. 날씨를 묻는 물음 가사에는 기상현상에 대한 대답, 온도에 대한 대답 등이 다양하게 나온다.
T: 날짜 박수~ 시작~!
T: 오늘은 몇 월 며칠일까?
C: 오늘은 12월 18일입니다.
T: 오늘은 오늘은 무슨 요일일까? | 〈지도교사 조언〉
인사 나누기 시간에 이루어지는 오늘의 날짜와 요일 알아보기, 출석상황 등의 활동은 매일 반복됩니다. 따라서 반복되는 내용보다는 의미 있었던 보육내용을 기록하세요.

유아들은 이렇게 날짜, 요일 등에 대해 반복적으로 알아보면서 시간의 흐름, 계절의 변화 등을 알게 되며 친구에 대해 관심을 갖게 됩니다. |

(말풍선) 날짜판, 화이트 보드, 마커

또한 〈예시 8-3〉과 같이 교사의 상호작용을 추상적으로 기록하는 경우도 부적절하다.

교사가 등원 시 영아를 맞이할 때의 상황을 다음과 같이 기록하도록 한다.

"○○이 오늘 기분이 아주 좋구나. 선생님과 웃으면서 인사해서 선생님도 기분이 아주 좋아요. ○○이 물건을 장에 넣어야 하는데, ○○이 장은 어디 있을까? 찾아볼까?"와 같이 교사와의 영아의 상호작용을 구체적으로 기록한다.

〈예시 8-3〉 **부적절한 보육내용 기록 예**

날짜	11월 18일 금요일	결재	실습생	지도교사	원장
날씨	흐림(미세먼지 많음)		㉘	㉘	㉘
주제	놀이는 재미있어요				
소주제	보들보들 헝겊 놀이를 해요				
일일 목표	헝겊, 천으로 된 놀잇감에 관심을 가지고 다양한 놀이를 경험한다				

하루 일과 활동명 및 내용		비고
등원 및 맞이하기 (8:30~9:00)	선생님과 친구들에게 인사하기 영아의 기분과 건강상태 점검하기 소지품 정리해 주기 및 옷 갈아입히기 놀잇감 가지고 놀기 선생님께서 영아들에게 웃으면서 반겨 주시며 영아의 감정과 기분상태를 파악하고 밝은 모습으로 상호작용하시며 옷을 갈아입혀 주셨다.	등원 시 교사가 영아에게 한 말이나 행동 등은 구체적으로 기록해야 함
수유 및 이유식 (9:00~9:20)	놀잇감 정리하기 아침간식 시간임을 알리고 교사와 손 씻기 스스로 포크나 수저를 사용하여 먹어 보기 선생님께서 영아가 스스로 수저나 포크를 들고 먹을 수 있도록 격려해 주셨다. 영아가 스스로 포크를 사용하여 키위를 먹었다.	영아용 턱받이 간식(야채죽, 요플레, 키위)
오전 실내 자유놀이 (9:20~11:10)	(신체활동) 감촉이 좋은 양말 잡아당기기 가방 들고 왔다 갔다 하기 가방 안에 물건 담아 보기 (감각/탐색) 부드러운 양말의 촉감 느껴 보기 올록볼록 다양한 발판 만져 보기 헝겊 손 인형 놀이하기 (예술경험) 각자의 이불 사진에 끼적여 보기(언어에서는 쓰기활동) 모양 스티커로 이불 사진 장식하기 (미세먼지로 인한 바깥놀이 및 산책 대체 활동) 올록볼록 다양한 발판 건너 보기 발판에서 뛰어 보기 (언어활동) 토닥토닥 아기인형 재워 주기 → 말하기 각자의 이불 사진에 끼적여 보기 → 쓰기	감촉이 좋은 양말/천 가방/헝겊 손 인형 모양 스티커/각자의 사진(크게 출력하기)/올록볼록 다양한 발판/아기인형

- 활동명, 자료, 활동방법을 기록하되, 보육실습생에게 의미 있었던 바를 구체적으로 기록한다.
- 흥미영역별로 의미 있었던 영유아의 놀이 양상과 담임교사의 지도내용이나 실습생의 지도내용을 기록한다(〈예시 8-4〉 참조).

〈예시 8-4〉 의미 있었던 보육내용 기록의 예

활동방법 1부터 3 중에서 2번의 실행 내용이 의미 있다고 판단되어 구체적이고 자세히 기록함

의미 있다고 판단되어 기록한 내용에 대한 자신의 해석과 알게 된 내용을 기록함

시간 및 일과	활동계획 및 실행	평가 및 유의점
오전 자유선택 활동 (9:30~ 10:30)	* 미술영역: 재활용품을 이용하여 구성해 보기 목표: 재활용품에 대해 알아본다. 입체적인 작품을 자유롭게 표현해 본다. 준비물: 재활용품, 테이프, 유성사인펜 등 꾸미기 재료 활동방법: 1. 재활용품이 무엇인지 알아본다. 2. 무엇을 만들지 생각하고 자유롭게 구성한다. T: 이것으로 무엇을 만들면 좋을까? C: 이것(요플레통)으로 악기를 만들 거예요. 여기에 이것(클립)을 넣고 뚜껑을 덮으면 돼요. T: 뚜껑을 어떻게 붙이면 좋을까? C: 음……. 이거요. (풀을 가리킨다.) 유아가 색종이로 뚜껑을 만들고 풀을 바른 후 요플레에 붙인다. T: 뚜껑이 잘 붙었니? 잘 붙었는지 흔들어 보자. 유아가 흔들자 종이 뚜껑이 떨어졌다. T: 어떻게 붙이면 이 종이 뚜껑이 떨어지지 않을까? C: 음……. 테이프로 해 볼래요. 3. 만든 작품에 제목을 달고 전시한다.	유아가 자신의 생각대로 요플레통의 뚜껑을 좋이로 만들고 풀로 붙이는 시행착오를 경험하게 하고, 이후 유아 스스로 문제를 해결할 수 있도록 안내함으로써 유아 스스로 문제를 해결하는 능력을 증진시키는 교사 역할이 중요함 또한 실수 과정을 자연스럽게 받아들이는 유아와 교사의 태도가 인상적임

- 영유아의 발달 특성상 교육활동 이외의 기본생활 지도가 일과 내에서 자연스럽게 이루어지는 내용을 기록한다. 교사가 바람직한 행동이나 지침을 알려 주는 상호작용 내용과 갈등해결 등의 행동지도 내용을 기록한다.
- 특히 급식, 간식, 낮잠, 배변 등의 일상생활 지도는 영유아의 성장과 교육에 주요한 부분이므로 지도교사나 실습생 자신과의 상호작용을 기록한다.

〈예시 8-5〉 **기본생활 지도내용 기록**

> 낮잠 및 낮잠 깨기와 오후 간식 보육내용을 기록하되, 실습생에게 의미 있었던 오후간식 시간의 일을 자세히 기록함. 이를 통해 교사가 유아에게 일상생활지도를 하는 구체적인 방법을 학습하게 됨

> 의미 있다고 판단되어 기록한 내용에 대한 자신의 해석과 알게 된 내용을 기록함

시간 및 일과	활동계획 및 실행	평가 및 유의점
낮잠 및 낮잠 깨기 (13:30~ 15:30)	• 낮잠 및 낮잠 깨기 -자고 있는 친구들이 깨지 않도록 건드리거나 말을 걸지 않는다. • 먼저 일어난 유아는 조용히 놀이하기 -낮잠에 깬 유아는 화장실에 다녀 온 후 언어영역에서 조용히 책 보기 놀이를 함 • 이불 접어 베개와 장에 정리하기 -금요일이라 각 유아의 매트 커버와 이불, 베개 등의 개인침구를 정리하여 집에 가서 세탁해 올 수 있도록 함 -유아 스스로 정리하도록 격려하면서 교사가 가방에 넣을 때 도와줌	
오후 간식 (15:30~ 16:30)	• 오후 간식: 잡채 -손을 씻은 후 간식 접시를 들고 자리로 이동함 -바르게 앉아서 먹음. 잡채에 있는 시금치를 먹지 않는 유아에게 교사는 시금치를 맛있게 먹는 모습을 보여 주면서 먹기를 권유함. 유아가 먹기를 거부하자 또래들 중에 맛있게 먹는 유아의 모습을 함께 보면서 먹어 보기를 권유함. 유아가 작은 시금치 하나를 입에 넣었지만 맛이 없다고 얼굴을 찡그리며 삼킴. 이에 교사는 유아가 시금치를 먹어 보려고 한 시도를 칭찬함	편식을 하는 유아에게 먹기를 강요하기보다는 맛있게 먹는 모습을 보여 주며 격려하는 방법이 긍정적인 영향력을 발휘할 것이라 생각됨

(4) 실습생 평가

하루 동안 실습생으로 학급에서 관찰한 내용, 참여했던 보육내용, 영유아와 상호작용하면서 경험한 내용이나 소감, 또는 의문사항을 기록하되 자신의 보육실습에 대한 반성적 사고내용이 포함되도록 다음 사항에 유의하여 작성한다. 〈예시 8-6〉과 같이 교사의 상호작용 특성과 영아의 발달 특성을 연계하여 반성적으로 사고한 내용, 교사가 영아를 기다려 주는 교수 행동과 이에 대한 영아의 반응에 대한 실천적인 깨달음에 대한 내용을 기록한다.

〈예시 8-6〉 **적절한 실습생 평가**

실습생 평가	0세 영아발달 특성을 고려하여 의성어 의태어를 많이 사용하는 상호작용이 인상적이었다. 또 주제에 맞게 다양한 촉감과 느낌을 느낄 수 있는 활동을 많이 제공해 주셨는데 영아가 다양한 촉감이나 느낌을 경험하면서 나타내는 반응이 신기했다. 선생님께서 영아가 스스로 해 볼 수 있도록 격려하고 기다려 주시는 모습을 보면서 영아 주도적인 놀이의 특성이 무엇인지 알 수 있었다.

그러나 실습생 평가를 '그날 일어났던 보육내용을 비판적으로 분석하는 것'으로 오해하는 경우 〈예시 8-7〉과 같이 종종 부적절한 평가를 하기도 한다. 〈예시 8-7〉과 같이 바람직하지 못한 행동을 한 유아를 충분히 훈육하지 못한 상황을 관찰하게 되면 교사의 지도방법에 대해 의문점을 가질 수도 있다. 그러나 각 보육 상황에서는 다양한 요소를 고려하여 어떤 지도를 할지, 어떻게 상호작용을 할지 등을 결정해야 하므로 눈으로 관찰된 내용만을 토대로 판단하는 것은 바람직하지 않다. 〈예시 8-7〉의 경우 차례를 지키지 않은 유아의 문제행동이 반복되는 것이기에 그에 대한 포괄적인 접근계획을 수립하고 실행하고 있어서 '경고' 수준의 훈육만 할 수밖에 없었다. 또한 계단 앞에서 모든 유아가

줄을 선 상황이므로 그대로 실외놀이로 출발하는 것이 전체 유아에게 안전하고 학급을 운영함에 있어서 자연스럽고 안정적이라 판단되었기 때문에 구체적인 훈육을 실행하지 않은 것이다. 따라서 이와 같이 의문점이 생긴 경우에는 낮잠시간이나 일과를 마친 후 지도교사에게 질문하는 것이 적절하다.

〈예시 8-7〉 **부적절한 실습생 평가**

실습생 평가	실외놀이에 나가기 위해 줄을 서는 상황에서 차례를 지키지 않고 중간에 끼어든 유아를 선생님이 훈육하지 않으셨다. 다른 유아들이 그 유아가 새치기한 것에 대해 항의했지만 선생님은 "○○야~"라고 이름만 한 번 부르시고 그 유아를 맨 뒤로 보내지 않고 실외놀이로 출발하였다. 차례를 지키지 않은 유아로 인해 다른 유아들이 많이 억울했을 것 같다.

(5) 지도교사의 조언

실습생의 일일 보육일지 기록과 그날 실습생의 보육 참여에 대한 관찰을 토대로 지도교사는 실습생에게 조언을 한다. 지도교사는 다음과 같은 내용을 토대로 멘토(mentor)로서의 조언을 하므로 실습생은 이를 참고하여 보육실무지식을 함양해야 한다.

■ **지도교사의 조언내용**

- 당일 보육실습생의 역할 수행, 태도 등에 대해 평가하기
- 보육실습생에게 명확하고 깊이 사고하도록 되물어 보기
- 평가란에 기록한 보육실습생의 질문에 답변하기
- 보육실습생의 어려움에 대해 공감과 용기 북돋아 주기
- 영유아의 행동지도 및 놀이지도에 대한 보육실습의 협력 구하기

〈예시 8-8〉은 실습생의 보육일지 기록 및 평가를 토대로 지도교사가 한 조언의 예시이다.

〈예시 8-8〉 **실습생 평가 및 지도교사의 조언 1**

실습생 평가	또한 아이들이 스스로 하고자 하는 게임을 제안하고, 이에 관한 정보를 나누어 보면서 함께 게임을 만드는 활동을 했다. 아이들은 이 게임을 구조화하면서 규칙을 만들었고, 게임판의 여러 장치를 만들었다. 이 게임을 제안하고 제작한 아이들은 자유놀이시간 중에 이 게임에 몰두하여 즐기는 모습이었다. 아이들에게 의미 있는 것이 *아이들에게 활동의 강한 동기가 된 듯 보였다. 아이들 사이에서 분쟁이 일어나는 경우가 종종 있는데, 이때 선생님께서 아이들이 서로가 스스로 해결책을 내도록 하셨다. 아이들은 스스로 문제된 부분과 해결을 이야기해 봄으로써 서로의 상황을 들어 볼 수 있었고, 해결책도 제시하였다.
지도교사 평	• 선생님께서 평가에 기록하신 부분들이 저희 나래반 교사들과 친구들이 나래반에서 지내면서 가장 초점을 두는 부분인 것 같습니다. 4~5세 유아의 특성상 스스로 무언가를 창안해 내고 스스로 문제해결에 대한 다양한 방법과 대안을 모색할 수 있는 시기입니다. 교사 역시 이러한 발달 특성과 단계를 이해하고 일상생활지도나 보육프로그램 진행에 반영하고 있습니다. • 컴퓨터 게임을 즐기는 유아들이 지나치게 게임에만 몰입하고 컴퓨터 사용에 있어 분쟁이 빈번하게 발생하는 요인이 된다고 판단하여 컴퓨터 게임을 놀이 게임으로 만들어 보는 활동을 진행하게 되었습니다. 계획된 활동이라 하여 교사 주도하에 교사가 지시적으로 제안하기보다는 문제상황에 대해 유아들과 함께 의견을 나누고 유아들의 제안에 따라 자연스럽게 활동으로 접근할 수 있도록 합니다. 선생님께서도 생각하신 것처럼 활동에 대한 의미 있는 동기부여가 있을 때, 유아들은 활동에 몰입하고 즐기면서 참여할 수 있답니다.

〈예시 8-9〉 실습생 평가 및 지도교사 조언 2

실습생 소감	지도교사 평
조금 익숙해지고 아이들 이름도 전부 외워서 다행이었습니다. 오늘은 털실활동이 기억에 남았는데, 처음 탐색할 때는 아~ 했다가 끈 달린 공으로 또 무엇을 할 수 있을까 하셨을 때 어려운 것 아닌가 했지만, 서영이가 "청진기"라고 하면서 병원놀이로까지 확장되었을 때는 너무 신기했고, 발달을 좀 더 알아야겠다는 필요성을 느꼈습니다.	영아들이 흥미롭게 놀이하는 모습을 보며 계획한 교사 또한 흐뭇했습니다. 흥미는 영아들에게는 특별한 관심이 될 수도 있고, 기쁜 감정의 표현이라고 생각합니다. 흥미가 흥미로 끝나지 않도록 교사의 끊임없는 상호작용과 경험이 지속될 수 있도록 도와야겠죠. 그리고 교사의 눈높이를 낮춘 상호작용 매우 좋습니다.

2. 연령별 실습일지 작성 사례

영아와 유아는 발달적으로 차이가 크기 때문에 보육을 계획하고 운영함에 있어서 중요시하는 보육내용이 다르다. 따라서 보육일지를 작성할 때도 영아와 유아의 발달적 차이를 고려하여 집중적으로 다룰 보육내용을 각각 반영하는 것이 바람직하다. 영아반과 유아반의 바람직한 실습일지 사례를 소개하면 다음과 같다.

1) 0~1세반 보육실습일지 작성

0~1세는 발달이 급격히 진행되며 개인차가 큰 시기이다. 0세 시기에는 생리적 리듬에 따라 먹고, 자고, 배변하며, 뒤집기·앉기·기기 등 이동능력이 활발하게 진행되므로 운동능력발달과 일상적인 양육에 초점을 둔 보육이 운영되어

야 한다(김지은 외, 2013). 따라서 0~1세의 보편적인 발달 특성과 요구에 따른 보육이 제공되는 실무 사례, 각 영아의 개별적인 생체 리듬과 개인적 욕구 등이 반영되어 융통적으로 운영되는 보육내용에 중점을 두고 실습일지를 작성하는 것이 효과적이다.

〈표 8-1〉 0세반 보육실습일지 작성 예시

보육실습일지		결재	실습생	지도교사	원장
			㉔	㉔	㉔
반명	0세 ○○반	일시	20○○년 ○월 ○○일 화요일		
날씨	흐림, 미세먼지 약간 나쁨	결석 영아	최○○(정기검진)		
주제	재미있는 놀잇감	소주제	데굴데굴 공놀이		
환경 점검	보육실 환기 ○		보육실 청결 및 세팅		○
	수유용품 및 물 준비 ○		영아의 개별소지품 확인		○
	위생용품 준비 ○		교사용 물품 보관상태 확인		○
	전기 콘센트, 플러그 정비 ○		일일보고서 작성 준비		○

시간 및 일과	활동계획 및 실행	평가 및 유의점
~09:00 등원 및 맞이하기	• 부모와 교사가 반갑게 인사하기 　－교사가 부모에게 인사하는 모습을 영아에게 보여 주며 영아와도 함께 인사 나누기 　－투약 의뢰서 유무를 확인 • 보육실에 선생님 손을 잡고 들어가요 　－걸음마를 하는 영아는 보육실 안으로 선생님의 손을 잡고 걸어서 들어가 보도록 한다. 　－스스로 보육실까지 걸어가며 "○○반으로 들어가자. 하나 둘, 하나 둘! 친구들아 안녕. ○○이 왔네!"	보육실 문 앞에서 선생님의 손을 잡고 들어오는 ○○와 눈을 마주보며 인사했는데, 고개를 바로 돌림

9:00~9:30 이유식 및 기저귀 갈기/ 씻기	• 손을 닦고 턱받이하고 교사의 도움을 받아 간식 먹기 • 이유식에 관심을 갖고 즐겁게 먹어 보기 • 세면과 입 닦기, 기저귀 살피기 • 메뉴: 개별 수유 및 이유식(소고기 야채죽)	이유식을 먹기 시작할 때에 이유식 숟가락으로 스스로 먹어 보도록 하고, 잘 떠지지 않을 정도가 되었을 때에는 교사가 먹이며 마무리를 함
9:30~10:00 놀이활동	• 신체영역: 애착물로 간지럼 놀이해요 (8개월 영아) 좋아하는 애착물을 이용하여 간지럼을 태우며 마주보고 놀이함 (10개월, 12개월의 영아) 간지럼 놀이를 하다가 애착물을 손에 닿을 만한 위치에 놓아 잡아 보도록 유도함	어린 영아와 마주 앉아 놀이를 하는데 다른 친구가 기어 와 지켜보며 따라 웃음
	• 언어영역: 선생님과 노래하다가 까꿍! (8개월, 10개월 영아) 영아가 좋아하는 노래를 마주보며 부르다가 부채로 얼굴을 가릴 때 노래를 멈춤. 다시 얼굴을 보여 주며 노래를 부름 (12개월 영아) 노래를 멈추며 얼굴을 가렸을 때, 영아가 교사의 얼굴을 다시 보기 위해 부채를 치우도록 유도함	교사가 무릎에 앉히고 거울을 바라보며 얼굴을 가리니까 거울 쪽으로 손을 내밀어 잡으려고 함
	• 탐색영역: 오볼을 가지고 놀아요 (8개월, 10개월 영아) 오볼의 구멍에 손을 넣어 잡고 다양한 방법으로 탐색해 봄 (12개월 영아) 두 개의 오볼을 줄에 통과시켜 침대 양끝에 매달아서 오볼을 움직여 봄	오볼을 던지거나 굴리기보다 손으로 잡고 입으로 탐색함

10:10~10:50
실외활동
	• 선생님과 함께 나뭇잎을 만져 보아요
	  −날씨의 상태와 영아의 기분에 따라 테라스에서 바깥을 구경할 수 있음
	  −선생님과 함께 나뭇잎에 관심을 가지고 눈과 손으로 탐색함
		보육실에서 놀이 활동을 하는 동안 다른 영아는 교사가 일대일로 어린이집 내에 있는 실내의 화분을 탐색하였음

10:20~11:30 수유 및 낮잠	• 편안한 수유를 위한 준비하기 • 수유 후 트림을 시키고 비스듬히 안고 부드럽게 토닥임 • 개별 매트와 이불에 누워 낮잠 준비하기 • 자장가 들으며 편안하게 낮잠 들기	수유를 한 후 교사 어깨에 얼굴을 대고 등을 쓰다듬어 주니, 트림을 함. 곧바로 누이지 않고 등을 쓰다듬어 주며 재움. 테라스에서 햇볕을 쬐여서 그런지 금방 잠이 들었음
10:50~11:30 정리, 전이와 손 씻기	• 정리: 공을 바구니에 담아요 • 전이: 선생님과 그림책을 보아요 • 손씻기: 손을 닦고 점심 식사 준비를 해요	낮잠을 자는 영아가 있는 상황에서 조용히 놀이를 해야 하기 때문에 『뭐하니?』 그림책을 읽어 주었는데 영아들이 몰입해 주었음
11:30~13:00 점심식사/손 씻기/ 투약/이 닦기	• 점심(진밥, 으깬 두부, 무나물) 　-진밥을 처음 먹는 영아는 교사와 눈 맞추며 먹는 것을 도와줌 　-혼자 스스로 먹을 수 있는 영아는 식기구로 먹는 것을 격려해 줌 　-식후에 세면과 손 씻기를 함 　-투약 의뢰서와 영아 이름, 약병의 이름을 모두 확인 후 투약함 　-손가락 칫솔로 잇몸을 닦아 줌 　-창문을 열어 환기함	이유식보다 밥이어서 그런지 식사시간이 더 많이 요구되었음 영아들마다 식사 기술과 속도에 차이가 있어서 교사의 개별적 식사지도가 필요함
12:20~13:00 기저귀 갈기 및 낮잠 준비	• 세수하고 로션 바르기 • 기저귀를 갈아 주고 식후의 깨끗한 여벌옷으로 갈아입음	영아가 턱받이를 했어도 점심을 먹으면서 옷이 더러워져 갈아입혀야 했음

13:00~15:00 낮잠/수유	• 보육실의 조명을 낮춤 • 실내 온·습도를 확인함 • 침대 주위에 위험 요인이 없는지 확인함 • 15분 간격으로 영아의 취침 자세와 상태를 확인함 • 먼저 잠든 어린 영아가 깨어나 수유함	영아의 월령과 건강상태에 따라 수면 시간은 조금씩 달라질 수 있음 먼저 일어난 영아가 있을 시에 기저귀를 확인함
15:00~15:30 낮잠 깨기 및 정리정돈/ 기저귀 갈기	낮잠에서 깨면 교사가 개별로 다리를 주물러 주거나 기지개를 켜도록 도움 기저귀를 확인하고 갈아 줌	교사가 정리 시 제일 큰 영아에게 베개를 가져오라고 "○○ 베개는 어디에 있나요?"라고 물어봄 잠이 덜 깼는지 베개 쪽을 바라만 보고 가져다 주지 않음
15:30~16:00 이유식	• 손 씻기 • 턱받이와 식탁의자에 앉기 • 이유식(시금치 수프) • 얼굴과 손 닦기	시금치 수프를 수저로 먹다가 나중에는 그릇을 양손으로 잡고 마시는 영아가 있었음. 얼굴에 묻은 수프를 닦아 주었음
16:00~17:30 오후 실내외 자유놀이	• 오후 실내자유놀이 –신체영역: 애착물로 간지럼놀이 해요 –언어영역: 선생님과 노래하다가 까꿍 –감각·탐색영역: 오볼을 가지고 놀아요 • 오후 실외자유놀이 –유회실에서 놀이를 함	교사가 오전에 한 놀이를 반복하자 오전보다 영아들의 반응이 더욱 적극적이었음. 주도적으로 교사의 놀이행동을 반복하도록 웃음을 보임
18:00~19:30 기저귀 확인/ 수유/귀가 및 가정과의 연계	• 기저귀를 확인한 후 수유하고 트림을 함 • 영아는 통합보육실에 가서 놀이를 하다 부모님이 오시면 통합보육 선생님께 인사를 하고 귀가함	영아들이 통합보육실에 가기 전에 모두 귀가함

실습생 평가	영아의 월령에 따라 수유 리듬과 낮잠시간이 달라서 교사의 개별적 욕구에 따른 보육이 매우 중요하다는 것을 알았습니다. 영아교사는 여러 상황 속에서 영아의 욕구 충족과 안전에 우선순위를 두고 보육을 해야 한다는 것도 실감할 수 있었습니다. 낮잠시간에 영아의 수면 상태를 확인하는 선생님의 관찰과 기록이 영아의 안전을 위해서 중요한 일임을 알 수 있었습니다. 오전에 해 본 놀이를 오후에 반복해서 할 때 영아의 반응이 오전과 확연히 다른 것을 보고 영아들에게는 탐색의 기회도 충분히 주고, 반복의 경험도 충분히 제공해야 한다는 것을 실제로 느낄 수 있었습니다.
지도교사 조언 및 평가	0세 영아는 일과의 흐름을 전개하는 것보다 개별적인 욕구를 충족시켜 주는 것이 우선입니다. 영아마다 가정에서의 수유, 수면, 건강 상태에 따라서 어린이집에서의 수유, 수면, 기분 등이 자주 변화하기 때문에 가정으로부터 관련된 특이사항을 전달받아 이를 반영한 보육을 해야 합니다. 낮잠시간에도 영아의 수면 상태, 자세, 호흡 등을 수시로 관찰 기록하는 것이 안전사고를 예방하는 데 매우 중요합니다. 오늘 아픈 영아가 기분이 좋지 않아서 교사를 많이 찾았는데 실습생으로서 민감하게 참여해 주셔서 많은 도움이 되었습니다.

출처: 보건복지부, 육아정책연구소(2016).

2) 2세반 보육실습일지 작성

　2세아는 언어능력이 급속히 발달하면서 의사소통이 가능해지고 성인 및 또래와의 상호작용이 가능하다. 또한 상상놀이를 활발히 즐기기 시작한다. 스스로 독립심과 자율성을 발달시키려고 하지만 여전히 성인에게 의존하는 특성도 갖고 있다. '나'라는 자아 개념이 발달하면서 스스로 해 보려는 시도가 많고 스스로 탐색하고 구성하기를 즐긴다(김지은 외, 2013). 2세아의 경우 신체적 보호에서 벗어나 일상생활에서의 다양한 경험을 하도록 보육을 계획하고 운영하는 것이 효과적이다. 따라서 보육활동이 신체적, 사회·정서적, 언어적, 인지적 발달에서 통합된 교육적인 개념을 다루고 있는지, 반복을 즐기는 2세아의 특성을 고려하여 동일한 개념의 보육활동이나 교육적 경험이 반복되고 있는지, 이러한 보육이 2세 영아에게 어떤 영향을 미치는지 등에 중점을 두고 실습일지를 작성한다.

〈표 8-2〉 2세반 보육실습일지 작성 예시

보육실습일지		결재	실습생	지도교사	원장
			㉞	㉞	㉞
반명	2세 ○○반	일시	20○○년 ○월 ○○일 ○요일		
날씨	맑음	결석 영아	박○○(감기)		
주제	재미있는 여름이에요	소주제	물놀이가 재미있어요		

시간 및 일과	활동계획 및 실행	평가 및 유의점
7:30~9:00 등원 및 맞이하기	• 선생님과 반갑게 인사하기 　－교사와 "안녕하세요?" 하며 인사 나누기 　－언어로 인사를 하기 어려워하는 영아는 교사와 손뼉을 치거나 안아 주면서 인사를 함 • 내 얼굴이 있는 서랍장에 양말을 넣어요 　－영아가 신고 온 양말을 벗어서 서랍장에 정리함 　－교사는 영아가 양말을 벗을 수 있도록 끝을 잡아 주고, 양말을 서랍장에 정리하면 "○○가 양말을 쏙 넣었구나." 하며 격려함	영아가 인사에 대한 관심을 가질 수 있도록 다양한 방법으로 인사를 함. 영아가 스스로 양말을 벗을 수 있도록 충분히 기다려 주거나 영아의 발달 수준에 따라 적절한 도움을 줌
9:00~9:30 오전 간식	• 손 씻기 및 오전 간식: 골드파인애플, 우유 　－〈손을 씻어요〉 노래를 부르며 비누로 거품을 내서 손을 씻음 　－손을 씻은 후 핸드 타월에 물기를 닦고 휴지통에 정리함 • 골고루 먹어요 　－〈골고루 먹어요〉 노래를 부르며 간식의 이름을 알아봄 　－간식을 먹으며 간식의 맛, 색깔에 관심을 갖고 이야기해 봄	영아가 비누 거품을 깨끗하게 씻을 수 있도록 도와줌. 교사가 노래를 불러 주어 영아가 일상생활에 흥미롭게 참여할 수 있음

	• 신체영역: 바닷속 터널 통과하기 －목표: 몸을 조절하여 터널을 통과해 본다. 　표준보육과정 관련요소: 신체운동〉신체조절과 기본운동하기〉기본운동하기〉걷기, 계단 오르기 등 이동운동을 한다. －준비물: 파란색 터널, 여러 가지 바다생물 모양 －방법: 　1. 바다에 가 본 경험을 이야기해 본다. 　2. 바다생물들이 붙어 있는 터널을 탐색해 본다. 　3. 터널을 지나가 본다.	영아의 개인차를 고려하여 터널 안으로 들어가거나 밖에서 안을 들여다보는 정도로 영아가 원하는 정도까지 놀이를 진행함. 터널 안에서 다칠 위험이 있으므로 교사가 터널의 앞, 뒤에서 영아의 놀이를 관찰함
9:30~10:30 오전 실내 자유놀이	• 언어영역: 물놀이 물건 퍼즐통 －목표: 물놀이 경험을 떠올려 말로 표현해 본다. －표준보육과정 관련요소: 의사소통〉말하기〉낱말과 간단한 문장으로 말하기〉일상생활에서 경험한 새로운 낱말에 관심을 가진다. －준비물: 원통형 기둥에 5cm 투명 테이프 속심을 끼워 만든 퍼즐통, 다양한 물놀이 용품 사진 －방법: 　1. 영아가 퍼즐통에 관심을 보이면 함께 이야기를 나눈다. 　2. 물놀이 경험을 떠올리며 사용해 보았던 물놀이 용품의 이름을 말해 본다. 　3. 퍼즐통을 자유롭게 돌려 보며 다른 사진 퍼즐도 맞춰 본다. 　4. 영아가 시간을 갖고 충분히 퍼즐을 맞출 수 있도록 격려한다.	영아가 퍼즐통을 빨리 맞추는 것이 목표가 아니므로 충분히 조작해 볼 수 있도록 기다려 줌. 물놀이 용품을 사용해 본 경험이 있어 경험을 자유롭게 이야기할 수는 있었으나 물놀이 용품의 명칭을 알고 있는 영아는 많지 않았음. 교사가 영아와 이야기하며 새로운 어휘를 들려주고 자연스럽게 접할 수 있도록 도와줌

	• 감각 · 탐색영역: 과일 아이스바 맛보기 　-목표: 영아가 만든 아이스바를 통해 물질의 변화를 탐색한다. 　-표준보육과정 관련요소: 자연탐구〉과학적 탐구하기〉물체와 물질 탐색하기〉친숙한 물체와 물질을 능동적으로 탐색한다. 　-준비물: 전날 영아가 만든 아이스바 　-방법: 　　1. 전날 아이스바를 만들었던 경험에 대해 이야기를 한다. 　　2. 냉동실에서 아이스바를 꺼내 맛을 본다. 　　　과일 아이스바에 들어간 재료, 맛 등을 이야기해 본다.	과일에 대한 알레르기가 있는 영아는 사전에 가정에 안내하여 진행함. 전날 만든 과일 아이스바의 변화에 신기해하고 차가운 아이스바 맛보기에 적극적으로 참여하고 즐거워함
9:30~10:30 오전 실내 자유놀이	• 역할 · 쌓기영역: 수영 놀이해요 　-목표: 수영해 본 경험을 떠올려 놀이로 표현해 본다. 　-표준보육과정 관련요소: 예술경험〉예술적 표현하기〉모방과 상상놀이하기〉일상생활 경험을 상상놀이로 즐긴다. 　-준비물: 수영복, 물안경, 튜브 등의 소품 　-방법: 　　1. 수영놀이에 관심을 보이는 영아가 있으면 수영장에 가 본 경험에 대해 이야기한다. 　　2. 수영놀이에 필요한 소품들을 살펴보고 자유롭게 입어 본다. 　　3. 자유롭게 수영놀이를 한다. 준비운동하기, 수영하기, 음식 사 먹기 등 영아의 경험을 떠올려 놀이로 표현해 본다.	블록으로 수영장을 구성한 후 필요한 소품(파란 천, 튜브 등)을 추가로 제시하여 상상놀이를 촉진함. 영아의 흥미도가 높아 놀이에 참여하는 영아가 갑자기 늘어난 경우, 교사는 영아의 놀이 참여 인원을 제한하기보다는 구성물의 크기에 변화를 주어 융통성 있게 영아들의 놀이 참여를 도와주며 진행함

9:30~10:30
오전 실내
자유놀이
	• 미술영역 : 물로 그림을 그려 보아요
	   -목표: 다양한 도구를 이용하여 그림 그리기를 즐긴다.
	   -표준보육과정 관련요소: 예술경험〉예술적 표현하기〉
	   자발적으로 미술활동하기〉간단한 도구와 미술재료를
	   다룬다.
	   -준비물: 붓, 물통, 오일파스텔, 물, 영아용 앞치마
	   -방법:
	     1. 오일파스텔을 이용하여 영아가 원하는 그림을 자유
	       롭게 그린다.
	     2. 영아가 그린 그림 위에 붓에 물을 묻혀 칠해 본다.
	       물을 칠했을 때 나타나는 변화에 대해 함께 이야기
	       해 본다.
		오일파스텔을 이용해 그림을 그리고 물을 칠했을 때 번지는 것을 영아들이 흥미롭게 탐색함. 교사는 영아의 반응을 존중해 주며 영아의 느낌이나 생각을 물어봄

	• 음률영역 : 레인메이커 흔들며 〈옷을 빨아보자〉 노래 부르기
	   -목표 : 새로운 노래에 흥미를 느끼며 듣는다.
	   -표준보육과정 관련요소: 예술경험〉예술감상하기〉아름다움 즐기기〉자연이나 생활의 소리나 움직임, 친근한 음악과 춤을 관심 있게 듣거나 본다.
	   -준비물: 〈옷을 빨아보자〉 음원, 가사판, 레인메이커
	   -방법:
	     1. 자유놀이 시간에 영아의 이름을 넣어 〈옷을 빨아보
	       자〉 노래를 자연스럽게 들려준다.
	     2. 영아가 노래에 흥미를 보이면, 이름을 바꿔 가며 노래를 들려주고 레인메이커를 흔들며 함께 불러 본다.
		노래를 한 번에 배우도록 진행하는 것이 아니라, 노래에 친숙해질 수 있도록 시간을 충분하게 두고 진행함. 레인메이커의 특성상 악기의 움직임과 소리에 관심을 갖는 영아들이 많았고 영아마다 반응의 방법이 달랐음. 교사는 억지로 권유하지 않고 영아가 악기를 자발적으로 탐색할 수 있도록 지켜보면서 진행함

10:30~10:40 정리정돈 및 화장실 다녀오기	• 정리정돈 　-교사가 영역별로 다니면서 영아 개인별로 곧 정리할 것임을 알려 주고 교사는 보육실의 일부를 정리함 　-5분 후 정리시간을 알려 주고 노래를 부르며 정리를 시작함 　-'장난감 집 찾기' 놀이를 하며 영역에 놀잇감을 정리함 • 배변 후 변기에 물 내리기 　-교사의 도움을 받아 옷을 벗고 변기에 배변을 함 　-배변 후 교사의 도움을 받아 옷을 입고 '쉬야, 안녕' 하며 변기에 물 내리기를 시도함	배변습관의 차이를 보이는 영아가 있으므로 교사는 적절하게 도움을 줌. 변기에 물을 내려 볼 수 있도록 제안하되 어려워하는 영아는 교사가 함께 손을 잡아 주는 등의 도움을 주며 성취감을 가질 수 있도록 함
10:40~11:45 실외놀이 및 손 씻기	• 실외놀이: 뽀득뽀득 설거지해요 　-목표: 일상의 경험을 놀이로 표현해 본다. 　-표준보육과정 관련요소: 예술경험〉예술적 표현하기〉모방과 상상놀이하기〉일상생활 경험을 상상놀이로 즐긴다. 　-준비물: 다양한 소꿉그릇, 수세미, 물놀이대 　-방법: 　　1. 물놀이대에 담긴 물을 자유롭게 탐색해 본다. 　　2. 다양한 소꿉그릇을 탐색하여 물을 담고 쏟아 본다. 　　3. 설거지 놀잇감을 이용하여 놀이한다. 　　4. 놀이 후 젖은 옷을 갈아입는다. • 정리 및 손씻기 　-놀잇감을 정리하고 비누로 손을 씻음. 실외놀이 후에는 교사가 손 씻는 것을 한 번 더 도와줌	날씨를 고려하여 실외놀이를 진행함. 실외에서 물을 이용한 놀이를 하는데, 물놀이에 대한 거부감을 보이는 영아들은 다른 놀이를 할 수 있도록 제안함. 더운 날씨에 영아들의 건강과 컨디션을 파악하며 놀이를 함. 실외놀이 중 더울 경우 수시로 물을 마실 수 있도록 도와줌

시간	활동 내용	지도상의 유의점

11:45~12:45
점심식사 및
이 닦기
	• 점심: 쌀밥, 콩나물국, 닭갈비, 우엉채사과무침, 미나리나물, 배추김치
	  –교사가 〈골고루 먹어요〉 노래를 불러 주어 반찬에 관심을 가질 수 있도록 도와줌. 먹기 힘들어하는 반찬은 양을 조절하여 줌
	• 이 닦기 및 화장실 다녀오기
	  –블록놀이, 그림책 보기, 종이에 끼적이기 등 놀이를 하며 자신의 차례가 되면 화장실에서 배변을 함. 교사의 도움을 받아 양치를 함. 스스로 양치컵, 칫솔을 찾으려는 영아들이 많아 스스로 내 물건을 찾아볼 수 있도록 도와줌
	  –편안하게 낮잠을 잘 수 있도록 옷을 갈아입고 로션을 바름
		영아 스스로 이 닦기와 세수하기를 원하여 칫솔에 치약을 짜 주고 스스로 해 볼 수 있도록 함. 교사가 마무리를 도와주고, 거울을 보며 '깨끗하다'고 표현함. 거울을 보고 영아가 자신의 얼굴을 보며 로션을 바를 수 있도록 도와줌

12:45~15:00
낮잠 준비 및
낮잠
	• 내 이불, 내 베개를 찾아요
	  –교사가 이불 매트를 준비해 주고, 영아의 이불과 베개는 보육실 한쪽에 차례대로 제시함
	  –〈○○는 어디에 있나?〉 노래를 부르면서 영아가 스스로 내 이불과 베개를 찾아봄. 교사는 영아가 이불을 덮어 주며 '잘자' 하고 개인적으로 인사를 함
		편안하게 낮잠을 잘 수 있도록 도와주고 영아가 안정감을 가질 수 있도록 개별적으로 토닥여 주거나 낮잠 인사를 함

15:00~15:30 낮잠 깨기 및 정리정돈/ 화장실 가기	• 낮잠에서 깨면 교사가 개별적으로 다가가 기분 좋게 잠에서 깰 수 있도록 도와줌 • 낮잠을 깨기 어려워하는 영아는 조금 더 휴식할 수 있도록 보육실 공간을 마련하여 줌 • 교사의 도움을 받아 화장실에서 배변을 함	영아를 한 번에 모두 깨우지 않고 일어나는 순서대로 토닥여 주며 낮잠에서 깰 수 있도록 도와줌. 이불은 작은 사이즈로 접어 주어 영아가 스스로 이불장에 정리할 수 있었음
15:30~16:00 오후 간식	• 손 씻기 및 오후 간식: 해물파전, 옥수수차 –해물파전에 있는 오징어에 관심을 가지면서 간식을 먹음	간식을 더 먹기 원하는 영아는 "더 주세요."라고 표현함

16:00~18:00 오후 실내외 자유놀이	• 오후 실내자유놀이 ─신체영역: 바다 속 터널 통과하기 ─언어영역: 물놀이 물건 퍼즐통 ─역할·쌓기영역: 수영 놀이해요 • 오후 실외자유놀이 ─신체 활동실에서 놀이를 함. 친구와 자동차 타기, 공 굴리기, 스텝 박스 오르내리기 등의 놀이가 이루어짐	신체활동실에서 친구와 자동차 타기, 공 굴리기 등 대근육 활동이 적극적으로 이루어짐. 교사는 영아와 함께 놀이하며 다양한 모델링을 보임
18:00~19:30 귀가 및 통합보육	• 귀가 및 통합보육 ─통합보육실로 이동하여 놀이를 하다 부모님이 오시면 통합보육교사와 인사를 하고 귀가함	영아의 일과를 안내하고, 특이사항을 보호자에게 전달함
실습생 평가	손 씻기, 양치, 점심 등의 일과 진행 시에 교사가 노래를 부르자 영아들이 관심을 가지고 참여하는 모습을 볼 수 있었다. 여름휴가를 보내고 온 영아들이 많아 수영장을 만들고, 수영놀이를 하는 것에도 관심이 많았으며, 언어영역에서 물놀이 용품 퍼즐통을 보며 물놀이 용품에 대해 알아보는 것에도 관심이 많았다. 더운 날씨이지만 물을 이용한 실외놀이를 하기에 날씨가 적절하였다. 하지만 영아 중에는 물을 거부하는 영아도 있었으며, 쉬고 싶어 하는 영아들도 있었다. 교사는 영아의 요구를 알고 적절하게 쉴 수 있도록 도와주었으며, 물을 마시거나 그늘에서 놀이를 할 수 있도록 배려하는 모습이 인상적이었다.	
지도교사 조언 및 평가	영아는 일상생활 중 형성할 수 있는 생활습관 지도도 중요합니다. 손 씻기, 양치 등 일상생활에 대한 접근을 노래, 손인형, 동화 등 놀이로 하면 흥미롭게 기본생활습관을 형성할 수 있습니다. 실외놀이는 매일 오전과 오후를 합쳐서 1시간 이상 진행되어야 하는 중요한 일과입니다. 날씨(미세먼지, 우천, 폭설, 폭염 등)와 건강상태 등의 이유로 신체활동실에서 대체활동이 진행됩니다. 실외놀이를 진행하기에 적절하다고 판단이 되면 실외놀이를 합니다. 대근육을 이용한 신체활동, 자연물 탐색이 주로 이루어지지만 영아의 개별 컨디션에 맞게 조절되어야 하며, 영아가 그늘에서 쉴 수 있는 공간을 마련하고 혼자놀이를 하기 원하는 영아들의 욕구를 반영한 놀이(모래 놀이 등)를 함께 준비해 줍니다. 물놀이를 할 때에는 안전에 특히 더 유의해야 한답니다. 오늘처럼 따뜻한 마음으로 관찰을 하면, 영아의 욕구를 알게 되어 상호작용의 실마리를 찾을 수 있습니다.	

출처: 보건복지부, 육아정책연구소(2016).

3) 유아반 보육실습일지 작성

3~5세 유아는 활동량이 많아지고 신체 조절능력 및 인지적인 성숙을 통해 자신뿐만 아니라 주변 사람 및 주변 상황에 관심이 많아진다. 다양한 사물과 상황을 탐색하면서 호기심이 많아 다양한 개념과 지식을 습득하고자 하는 욕구가 강하다. 또한 궁금한 내용에 대해 스스로 알아보고자 하는 탐구심이 높으며 다양한 문제해결 방법을 생각해 내고 시도해 보기를 즐긴다. 언어능력의 급격한 발달로 언어를 사용하여 자신의 생각을 자유롭게 표현할 수 있으며 또래와의 관계를 즐긴다. 또한 초보적이기는 하지만 자신의 감정을 조절할 수 있는 능력이 발달하고, 다양한 정서를 이해하는 능력이 발달하여 다른 사람과 안정적인 관계를 맺고 유지할 수 있게 된다. 따라서 3~5세 유아의 발달 수준과 흥미가 잘 반영된 통합적이고 총체적인 보육이 제공되어야 한다. 3~5세 연령별 누리과정에 기초한 보육내용인지, 주제와 소주제를 토대로 계획된 보육활동들이 서로 자연스럽게 연계되도록 계획되었는지에 중점을 두고 보육내용을 기록한다. 특히 각 흥미영역 활동들 간의 연계성, 하루 일과 흐름 내에서의 연계성에 초점을 두고 보육일지를 작성하는 것이 효과적이다.

〈표 8-3〉 3세반 보육실습일지 작성 예시

보육실습일지		결재	실습생	지도교사	원장
			㊞	㊞	㊞
반명	3세 ○○반	일시	20○○년 ○월 ○○일 ○요일		
날씨	맑음	결석 영아	이○○(감기)		
주제	건강과 안전	소주제	깨끗한 나와 환경		

시간 및 일과	활동계획 및 실행	평가 및 유의점
7:30~9:00 등원 및 맞이하기	• 등원 및 맞이하기: 등원 후 손 씻고 놀이하기 –등원 후 손을 깨끗하게 씻고 가방 및 소지품을 서 랍장에 스스로 정리할 수 있도록 하며, 조용한 놀 이를 할 수 있도록 함	등원 후 손을 깨끗하게 씻을 수 있도록 안내함. 자신의 소지품 을 스스로 정리할 수 있도록 교 사가 개별적으로 이야기함
9:00~9:30 오전 간식	• 오전 간식: 천도복숭아, 우유 –화장실에 가서 손을 깨끗하게 씻고 간식을 들고 자리로 이동함. 바르게 앉아 간식을 다 먹은 뒤, 스 스로 정리함	교사는 오늘의 간식 모양과 색 깔에 대해 이야기하면서 바른 자세로 앉은 아이들을 격려하 고, 개별 유아의 이름을 불러 주 며 즐겁게 간식을 먹을 수 있도 록 함
9:20~9:30 놀이 소개	• 놀이 소개 –오늘의 놀이에 대해 소개하고 새로운 놀잇감과 재 료의 이름, 놀이 방법에 대해 간단하게 안내함. 놀 이 소개가 끝난 후, 유아들이 놀이하고 싶은 영역 으로 이동하여 자유선택활동을 시작함	놀이 소개 후 유아들이 선택한 영역에서 충분히 탐색하여 놀이 를 시작할 수 있도록 개별적으 로 상호작용하며 안내함

9:30~10:30
오전 실내
자유놀이
	• 쌓기놀이영역: 쓱싹 쓱싹 청소해요
	–목표: 다양한 청소차에 대해 관심을 갖는다.
	–누리과정 관련요소: 신체운동 · 건강〉건강하게 생
	활하기〉몸과 주변을 깨끗이 하기〉주변을 깨끗이
	한다.
	–준비물: 다양한 청소차 사진, 속이 빈 블록, 종이벽
	돌 블록
	–방법:
	  1. 미리 게시해 둔 사진을 보며 쓰레기차에 대해
	    이야기를 나눈다.
	  2. 쓰레기차 외에 다양한 종류의 청소차에 대해 이
	    야기 나눈다.
	  3. 블록으로 청소차를 자유롭게 구성한다.
	  4. 청소차로 청소하는 놀이를 한다.
		블록으로 구성한 청소차의 모양
		이 실제 청소차의 모양과 다르
		더라도 유아가 자유롭게 구성할
		수 있도록 지지해 줌
		미술영역과 연계하여 청소차에
		필요한 솔이나 걸레, 물 나오는
		호스 등을 만들어서 사용할 수
		있도록 하자 유아들이 더욱 흥
		미를 보이며 적극적으로 참여함

	• 역할놀이영역: 목욕은 즐거워 　-목표: 아기 목욕을 놀이로 표현한다. 　-누리과정 관련요소: 예술경험〉예술적 표현하기〉 　　극놀이로 표현하기〉일상생활의 경험을 극놀이로 　　표현한다. 　-준비물: 아기인형, 목욕놀이용 소품 　-방법: 　　1. 아기인형을 깨끗이 해 줄 수 있는 방법에 대해 　　　이야기 나눈다. 　　2. 아기인형을 목욕시킬 때 필요한 도구를 준비 　　　한다. 　　3. 아기인형을 목욕시키는 놀이를 한다.	교사가 함께 목욕놀이에 참여하 였지만 놀이를 이끌어 가지 않고 유아들이 주도할 수 있도록 함. 놀이가 활성화되면 점차 유아가 스스로 자신의 경험을 표현하며 놀이할 수 있도록 옆에서 자연스 럽게 제안함. 역할놀이영역의 공 간이 부족하여 쌓기놀이영역에 서 인형 욕조를 만들어 볼 것을 교사가 제안하자 놀이가 확장됨. 놀이를 정리할 시간이 가까워 충 분히 놀이하지 못해 유아들이 아 쉬워할 때 교사가 내일 또 목욕 탕 문을 열자고 함
9:30~10:30 오전 실내 자유놀이	• 언어영역: 사용법이 달라요 　-목표: 몸을 깨끗이 하는 데 필요한 물건을 안다. 　-누리과정 관련요소: 의사소통〉말하기〉느낌, 생 　　각, 경험 말하기〉자신의 느낌, 생각, 경험을 말해 　　본다. 　-준비물: 몸을 깨끗이 하는 데 필요한 물건과 그 물 　　건을 어떻게 사용하는지 궁금해하는 모습의 그림 　　6장, 몸을 깨끗이 하는 물건을 바르게 사용하는 　　그림 6장, 육각기둥 1개 　-방법: 　　1. 몸이 깨끗해지기 위해 무엇이 필요한지 이야기 　　　나눈다. 　　2. 유아들의 경험에 대해 이야기 나눈다. 　　3. 육각기둥에 붙어 있는 그림을 차례로 보면서 　　　이야기한다. 　　4. 몸을 깨끗이 하는 데 필요한 물건의 이름을 알 　　　고 알맞은 그림을 스스로 찾아 붙여 본다.	그림을 보면서 몸을 깨끗이 할 때 필요한 물건에 대해 알아보 고 사용했던 경험을 말할 때 대 부분의 유아들이 친구의 이야 기를 경청함. 처음에는 육각기 둥 1개를 제시하였으나 여러 명 의 유아가 참여하자 2개로 추가 제시함. 자신의 경험을 자유롭 게 이야기할 때 먼저 말했던 유 아의 표현이 그다음 유아에게도 반복적으로 나타남

	• 수 · 조작영역: 제자리에 정리해 주세요 　-목표: 물건을 제자리에 정리한다. 　-누리과정 관련요소: 신체운동 · 건강〉건강하게 　생활하기〉몸과 주변을 깨끗이 하기〉주변을 깨끗 　이 한다. 　-준비물: 그림판, 물건 그림(화장실, 주방, 방) 　-방법: 　　1. 그림판을 살펴보며 이야기 나눈다. 　　2. 물건 그림을 살펴보며 이야기 나눈다. 　　3. 그림판의 알맞은 장소에 물건 그림을 붙여 정 　　리한다.	물건 그림을 붙이면서 단순히 같 은 모양의 그림자에 붙이는 것이 아니라 물건을 정리해야 하는 이 유를 알고 사용 장소에 따라 분 류해 볼 수 있도록 하였음 활동 후 다른 친구들도 할 수 있 도록 배경판에서 물건 그림을 떼어서 정리해 볼 수 있도록 함
9:30~10:30 오전 실내 자유놀이	• 미술영역: 물로 그림을 그려 보아요 　-목표: 다양한 도구를 이용하여 그림 그리기를 즐 　긴다. 　-누리과정 관련요소: 예술경험〉예술적 표현하기〉 　미술활동으로 표현하기〉미술활동에 필요한 재료 　와 도구에 관심을 가지고 사용한다. 　-준비물: 칫솔, 물감, 도화지, 미술가운 　-방법: 　　1. 우리 몸을 깨끗이 하는 것에 대해 말해 본다. 　　2. 칫솔을 이용하여 그림을 그려 본다. 　　3. 도화지에 표현된 그림을 언어로 표현해 본다.	도화지에 자유롭게 칫솔을 이용 하여 그림을 그릴 수 있도록 제 시하였으나 붓처럼 부드럽게 표 현되지 않음. 칫솔을 두드려서 솔에서 퍼져 나가는 물감의 흐 름을 탐색하여 유아가 느끼는 것을 언어로 표현해 볼 수 있도 록 하나 표현에 어려움을 나타 내는 유아도 있었음
	• 음률영역: 치카 치카 이를 닦자 　-목표: 음악을 듣고, 느낌을 몸으로 표현한다. 　-누리과정 관련요소: 예술경험〉예술적 표현하기〉 　음악으로 표현하기〉간단한 노래를 듣고 따라 부 　른다. 　-준비물: 치과 사진, 〈치카 치카 이를 닦자〉음원, 　치아 모형 　-방법: 　　1. 치과에 다녀온 경험을 이야기 나눈다. 　　2. 노랫말의 의미를 생각해 본다. 　　3. 노랫말자료를 활용해서 다양하게 불러 본다.	치과에 다녀온 경험에 대해 이 야기 나누면서 노랫말의 의미를 생각해 보았다. 노랫말에 따라 이 닦는 동작을 표현해 보며 이 를 깨끗이 닦아야 하는 이유에 대해서도 알아보았음 유아가 동작으로 표현할 때 친 구와의 거리를 생각하고 안전하 게 표현할 수 있도록 함

10:30~10:50 정리정돈 및 화장실 다녀오기	• 정리정돈 및 화장실 다녀오기: 사용한 물건 제자리에 정리하기 –내가 사용한 물건을 제자리에 정리하고 오늘 놀이를 하면서 어떤 점이 좋았고 불편한 점은 무엇인지 간단히 평가를 함	정리 시간 5분 전에 미리 알려 주어 놀이를 스스로 마무리할 수 있도록 함

10:50~11:10 대소집단 활동	• 대집단 활동: 〈이야기 나누기〉 뽀드득 뽀드득 손을 씻었어요
	–목표: 손을 씻어야 하는 때와 씻는 이유를 안다.
	–누리과정 관련요소: 예술경험〉예술적 표현하기〉음악으로 표현하기〉간단한 노래를 듣고 따라 부른다.
	–준비물: 손을 씻어야 할 상황 그림자료, 손 씻기 동영상
	–방법:
	  1. 더러운 손 그림을 보며 손이 더러워지는 상황에 대해 이야기 나눈다.
	  2. 〈뽀드득 뽀드득〉 손 씻기 노래 동영상을 시청한다.
	  3. 단계별 손 씻기 그림 자료를 보면서 함께 손 씻는 모습을 흉내 내 본다.
		손을 씻어야 하는 때와 씻는 이유에 대해서 이야기 나누기 전에 교사의 경험에 대해 이야기해 주고 유아들의 경험을 들어보는 시간을 가졌음
		손 씻기 노래가 3세가 배우기에는 가사가 길게 느껴졌음

11:10~12:10 실외 자유선택활동	• 실외 자유선택활동: 모래 놀잇감을 깨끗이 씻었어요
	–목표: 사용한 놀잇감을 정리하는 생활습관을 가진다.
	–누리과정 관련요소: 신체운동 · 건강〉건강하게 생활하기〉몸과 주변을 깨끗이 하기〉주변을 깨끗이 한다.
	–준비물: 모래 놀잇감, 물, 플라스틱 대야, 부드러운 수세미
	–방법:
	  1. 모래 놀잇감이 더러워진 것에 대해 이야기를 나눈다.
	  2. 친구와 함께 모래 놀잇감을 물로 씻는다.
	  3. 닦은 모래 놀잇감을 보관할 장소에 대해 이야기 나눈다.
		모래 놀잇감을 깨끗하게 할 수 있는 방법에 대해 이야기 나누고, 필요한 도구를 찾아 실외놀이터로 이동함
		물을 사용하여 모래 놀잇감을 깨끗하게 닦아 보면서 모래가 유아의 눈에 들어가지 않도록 주의를 줌
		놀잇감 정리시간이 길었고, 교사의 도움이 필요하였음

12:10~12:30 정리정돈 및 화장실 다녀오기	• 정리정돈 및 화장실 다녀오기: 질서 지켜 화장실 사용하기 −실외놀이터 놀잇감을 제자리에 정리하고 보육실로 이동하여 질서를 지켜 화장실을 사용함	대집단 시간에 알아보았던 올바른 손 씻기 순서에 대해 이야기 나누면서 교사가 뽀드득 뽀드득 손 씻기 노래를 불러 주며 손을 씻어 보았음. 유아들이 손 씻기에 대해 적극적인 관심을 나타내며 깨끗해진 손을 교사에게 확인받으며 즐거워함

12:30~13:30
점심 및 양치
	• 점심 식사: 쌀밥, 소고기미역국, 계란말이, 실파무침, 깻잎순나물, 깍두기
	  −오늘의 점심 반찬을 알아보고 식사 예절을 지키며 맛있게 점심을 먹어 봄. 식사 후 식당에서 보육실로 이동함
	  −이를 닦고 조용한 놀이를 하며 휴식을 취함
		반찬의 이름을 알아보며 맛있게 점심을 먹음. 식사를 마치고 보육실로 이동 전 영양사, 조리사님께 감사의 인사를 함. 식사를 마친 유아들은 보육실로 이동하여 개별적으로 이를 닦고 휴식을 취할 준비를 함

13:30~15:30 낮잠 및 낮잠 깨기	• 낮잠 및 낮잠 깨기: 내 이불에 누워서 쉬기 −교사가 들려주는 동화를 들으면서 자리에 누워 잠을 자거나 휴식을 취함. 낮잠을 자고 일어나서 이불매트 및 놀잇감 정리를 스스로 해 봄	낮잠을 원하지 않는 유아는 조용한 놀이를 하며 휴식을 함
15:30~16:00 오후 간식	• 오후 간식: 궁중 떡볶이 −손을 씻고 간식을 들고 자리로 이동함. 바르게 앉아 간식을 먹고 다 먹은 뒤, 그릇을 정리함	간식 그릇이 뜨거울 수 있으므로 교사의 안내에 따라 안전하게 이동하였음

16:00~18:00
오후
자유선택활동
또는
특별활동
	• 오후 실내 자유선택활동
	  −쌓기놀이영역: 목욕탕을 만들어요
	  −역할놀이영역: 목욕은 즐거워
	  −언어영역: 손톱을 깨끗이 해요
	  −수·조작영역: 깨끗한 나의 손
	• 오후 실외 자유선택활동
	  −인형 목욕놀이
		오전에 했던 놀이를 회상하고 반복해서 진행함
		쌓기놀이영역과 역할놀이영역을 연계하여 목욕탕을 구성하고 나의 몸과 인형의 몸을 깨끗하게 하면서 건강을 위해서는 몸을 깨끗이 하는 습관을 길러야 함을 놀이를 통해 유아들이 관심을 가지고 알 수 있도록 함

18:00~19:30 통합보육 및 개별 귀가 지도	• 귀가 및 통합보육: 가족과 함께 깨끗이 목욕하기 –교사와 인사를 나누며 부모와 하루 일과 및 특이 사항을 안내함 –통합보육실로 이동하여 놀이를 하다가 부모님이 오시면 통합보육 선생님께 인사를 하고 하원함	가정에서도 함께 목욕을 하면서 내 몸을 스스로 깨끗하게 하는 것에 대해 관심을 가질 수 있도록 인사말에 포함시킴

실습생 평가	목욕탕 놀이를 하며 유아들의 경험을 자연스럽게 놀이로 표현하는 것이 인상적이었다. 단순히 도구를 이용하여 반복하는 놀이가 아닌 놀잇감과 실물자료를 이용하여 자신의 경험을 놀이로 표현하며 즐거워하는 모습을 보면서 놀이의 중요성과 교육적 가치에 대해 다시 한 번 생각해 보는 시간이 되었다. 기본생활습관과 관련된 활동을 교육활동으로 계획하고 실행하면서 유아들이 보다 더 흥미롭게 참여하고 적극적으로 활동하는 것을 볼 수 있었다. 바른 생활 습관을 지도할 때 무조건 해야 한다고 이야기하기보다 유아의 눈높이에 맞게 제시해 주고 일과 중 자연스럽게 반복적으로 교사가 함께 참여하여 즐겁게 습관을 익히는 것이 중요하다는 생각을 하게 되었다.
지도교사 조언 및 평가	맞습니다. 유아들은 놀이를 통해서 사회적 기술도 배우고, 자신의 욕구를 충족시킬 수 있게 되어 긍정적인 자아개념을 갖게 됩니다. 특히 자신의 경험을 표현할 수 있는 역할 놀이는 현실적 요소와 상상적 요소가 포함되어 있어 창의력도 길러 줍니다. 그러므로 교사는 유아의 경험을 재구성할 수 있는 다양한 소품 및 놀잇감을 제시해 주면서 유아가 자발적으로 놀이에 참여하도록 환경 구성을 해야 합니다. '건강과 안전'이라는 생활주제는 주제의 특성상 일상생활과 밀접한 관계이므로, 일과운영과 통합적인 활동으로 구성되어 있습니다. 건강과 안전에 대한 지식과 정보만 전달하는 데 그치지 않고, 발달에 적합한 생활습관과 태도 형성에 가능한 경험과 흥미 있는 활동으로 계획하고 실행하는 것이 중요합니다. 유아들과 상호작용을 열심히 하는 모습을 보며 흐뭇했습니다. 특히 놀이 상호작용이 점점 더 좋아지고 있습니다.

출처: 보건복지부, 육아정책연구소(2016).

보육활동계획안 작성

1. 보육활동계획안 작성 지침

실습생은 해당 학급의 주제 및 소주제, 해당 학급 영유아의 발달적 특성과 흥미, 실습기간 동안 이루어지는 어린이집의 행사나 체험학습 등을 고려하여 보육활동을 계획해야 효과적이다. 대체로 단위 보육활동계획안으로 실행하는 부분수업, 2개 이상의 단위 **보육활동계획안**으로 실행하는 **연계수업** 혹은 반일 **보육활동계획안**, 하루 종일 보육을 계획하여 실행하는 종일수업 혹은 일일 보육활동계획안으로 구분하여 실습한다.

먼저, 단위 보육활동계획안을 작성하기 위한 기본적인 지침을 살펴보면 다음과 같다. 단위 보육활동계획이란 명확한 목표를 이루기 위해 도입·전개·마무리 구조로 자연스럽게 진행되도록 모든 과정을 계획하는 것이다. 단위 보육활동 계획에 대한 내용을 한국보육진흥원(2010b)이 제시한 ① 활동목표, ② 활동자료, ③ 활동방법, ④ 확장활동, ⑤ 유의사항 요소별로 살펴보고자 한다.

■ 활동목표

- 활동목표는 **표준보육과정**에 기초하여 통합적으로 전개되도록 진술되어야 한다.
- **보육활동**을 통해 영유아가 어떤 경험을 하게 되는지 혹은 어떤 지식이나 개념, 기술 등을 획득하게 되는지가 구체적으로 진술되어야 한다.

〈예시 9-1〉 **활동목표 진술**

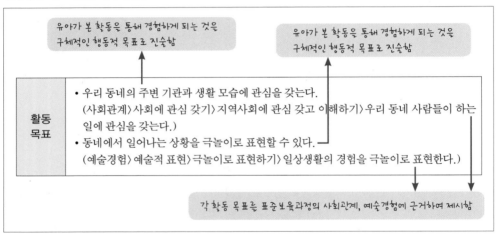

〈예시 9-1〉과 같이 활동목표는 유아의 행동적 목표나 표현적 목표로 구체적이고 명확히 제시해야 한다.

■ 활동자료

- 보육실습기관에서 기존에 사용하는 자료의 활용 여부를 밝힌다.
- 활동 시 필요한 교재 및 교구의 제작이 필요하면 자료, 제작방법, 활용법을 구체적으로 기술한다.

• 필요 이상의 시간과 자료 낭비가 없도록 사전에 지도교사와 충분히 협의하여 필요한 것만을 제작하도록 한다.

〈예시 9-2〉 '내 손바닥이 물고기가 됐어요(손바닥 찍기활동)'

활동자료	『손바닥 물고기』 동화책 물감, 물감접시, 앞치마, 물티슈 손바닥 찍을 종이(B5 크기 종이) 바닷속이 꾸며진 전지 눈알 모양 스티커

〈예시 9-3〉 **활동자료 및 제작 방법**

활동명: 까꿍놀이

활동연령: 1세

활동자료: 까꿍인형

• 재료: 플라스틱 페트병, 굵은 대바늘, 작은 인형, 천, 본드, 3cm 폭의 리본테이프

• 제작방법

1. 페트병을 그림과 같은 모양으로 자른다.

천의 길이=페트병 둘레+3cm

2. 대바늘 끝에 본드로 인형을 붙인다.

3. 그림과 같이 페트병을 자른 부분에 천을 본드로 붙이고 리본테이프로 마무리한다.

홈질로 바느질

4. 천의 끝 부분을 홈질로 바느질한 후, 홈질 한 실을 잡아당겨 오므린다.

5. 그림과 같이 오므린 부분을 대바늘에 붙인 인형과 꿰매서 천과 인형이 연결되도록 한다.

6. 완성된 교구

■ **활동방법**
- 보육활동목표를 성취하기 위한 활동내용과 상호작용을 계획한다.
- '영유아 교수학습방법' 교과목에서 학습한 바와 같이 보육활동방법은 도입, 전개, 마무리 단계별로 실습지도교사(T)와 영유아(C)의 상호작용을 예상하여 계획한다.

'도입'에서는 영유아가 보육활동에 호기심을 가질 수 있고, 활동에 참여하고자 하는 동기를 높일 수 있는 방법을 계획한다.

'전개'에서는 활동목표에 제시된 영유아에게 가치 있는 경험이나 개념 및 기술을 획득할 수 있는 놀이방법을 계획한다. 또한 영유아의 놀이를 격려하고 놀이 수준을 확장할 수 있는 다양한 상호작용 방법을 계획한다.

'마무리'에서는 대체로 영유아들이 새롭게 알게 된 지식이나 개념, 재미있었던 경험, 흥미로웠던 경험 등을 회상해 보거나 영유아 스스로 자신의 느낌이나 생각을 표현할 수 있는 기회를 갖도록 한다. 예를 들어, 미술활동의 경우 자신의 작품이나 다른 유아의 작품을 감상하는 기회를 갖도록 하거나 이 활동을 통해 재미있었던 일 등을 이야기해 보는 방법을 사용한다. 단, 어린 영아의 경우에는 놀이에 집중하는 시간이 짧고 놀이 경험을 스스로 평가하는 능력이 부족하므로 영아 스스로 보육활동을 평가하는 방법은 대체로 사용하지 않는다.

〈예시 9-4〉 **활동방법의 도입 · 전개 · 마무리**

> 도입 부분은 놀이에 대해 영유아가 흥미를 갖도록 하기 위해 영아가 직접 탐색하도록 함

	활동방법
도입	• 활동 전에 구멍이 뚫린 상자를 뒤집어 놓고 영아와 함께 다양하게 꾸민다. • 두더지 상자의 구멍을 제시하며 함께 탐색한다. "상자에 이것(구멍)은 무엇일까?" "구멍이 하나, 둘, 셋, 세 개가 있네." "이 상자에 이것을 붙이면 어떤 모습일까?"
전개	• 상자와 구멍에 관심을 보이면 상자 안으로 들어가 두더지 놀이의 시범을 보인다. "선생님이 상자 속에 들어가 볼게. 선생님이 ○○를 볼 수 있을까?" "짠! (상자 밖으로 얼굴을 내밀며) 까꿍! 선생님 얼굴이 구멍 밖으로 나왔네." • 영아가 상자 안으로 들어가면 이름을 부른다. "○○도 상자 속으로 들어가 볼까?" "(영아가 상자 안으로 들어가면) ○○야, 어디로 갔니?" "까꿍! 우리 ○○이 여기 있다."
마무리	• 영아가 상자에서 나올 때 눈을 맞추며 까꿍놀이를 한다. "밖에서 다른 친구들과 해 볼까? ○○야, 어디 있니? 우리는 밖에 있다~" • 상자 밖의 영아들도 함께해 본다. "까꿍! 우리 ○○이 여기 있다."

> 전개에서는 활동목표에 적절한 놀이방법을 제시함. 특히 1세 영아의 발달특성에 적합한 놀이방법을 반복함

> 마무리에서 영아 스스로 놀이경험을 평가하는 방법이 아니라 다른 영아들과 놀이를 지속하는 방법을 제시함

• 영유아의 연령, 흥미, 사전 경험에 기초하여 활동 시간을 계획한다. 영아는 집중 시간이 짧으므로 유아보다는 활동 시간을 짧게 계획하고, 유아의 경우에도 유아의 흥미 수준에 따라 집중 시간을 융통성 있게 계획한다.

• 계획한 보육활동에 대한 영유아의 반응이 다양할 수 있으므로 여러 상황별로 활동방법과 상호작용을 미리 계획해야 실제 상황에서 당황하지 않고 실행할 수 있다.

〈예시 9-5〉 '내 손바닥이 물고기가 됐어요(손바닥 찍기활동)'의 활동방법

• 파란색 전지 위에 손바닥을 찍어 본다.

T: (파란색 전지를 펼치면서) 우아~~ 넓은 바다가 나타났어요.

C1: (전지 위에 붙여 놓은 풀 모양을 가리키며) 풀도 있어요.

T: 그래. 바닷속 풀도 있구나. 그런데 물고기가 없네. 우리가 여기에 물고기를 만들어 주자.
　(손에 물감을 묻혀 종이에 손바닥 도장을 찍는다.) 어때? 선생님 손 모양이 물고기처럼 보
　이니?

C2: 네! 나도 할래요!

• 손에 물감을 묻히기 싫어하는 영아에게는 스펀지 도장으로 물감 찍기를 하게 한다.
　(손가락으로 조심스럽게 물감을 만져 보는 영아에게 교사가 다가간다.)

T: 물감을 만지니까 기분이 어때?

C3: (얼굴을 찡그리며) 으응~~~ 싫어~~

T: 물감이 손에 묻는 것이 싫구나. 이것으로 물감을 묻혀서 하면 어떨까?

• 손바닥 찍기에 흥미가 떨어진 영아에게 상어가 쫓아오는 상황을 제시한다.

T: (〈상어가족〉 동요를 부르면서) 상어가 쫓아오고 있대. 선생님 물고기는 빨리 도망가야
　지. (손바닥을 작게 해서 연결하듯이 찍는다.)

C4: 나도 도망가야지.

〈예시 9-5〉와 같이 손바닥 찍기놀이 시 나타날 수 있는 영아들의 반응을 예
상하여 각 상황에 대한 상호작용 방법을 계획하면 실제 보육활동 운영 시 당황
하지 않고 각 영아에게 적절히 반응하면서 활동목표를 실행하는 데 효과적이다.

■ 확장활동
• 심화 및 확장시킬 수 있는 연계방안을 계획한다.
• 보육활동자료나 결과물을 활용할 수 있는 방안을 계획한다.

〈예시 9-6〉 '내 손바닥이 물고기가 됐어요(손바닥 찍기 활동)'의 확장활동

> 손바닥 찍기로 만들어진 물고기 모양을 자른 후 클립을 끼우고 자석이 달린 낚싯대를 활용하여 낚시 놀이를 한다.

■ 유의사항

- 보육활동 진행 시 예상되는 어려움을 진술하고 이에 대한 예방 전략을 기술한다.

〈예시 9-7〉 '내 손바닥이 물고기가 됐어요(손바닥 찍기활동)'의 유의사항

> 1. 앞치마와 팔 토시를 준비하여 물감이 손 이외의 다른 곳에 많이 묻지 않도록 한다.
> 2. 손에 물감을 묻히기 싫어하는 영아를 위해 스펀지 도장을 준비한다.
> 3. 물고기 눈 모양의 스티커는 영아의 소근육 발달 수준을 고려하여 크기가 크고, 잘 떼고 붙일 수 있는 것으로 준비한다.
> 4. 손바닥 찍기를 했는데 물고기 모양이 나오지 않거나 눈 모양의 스티커 붙이기를 거부하거나, 손바닥 찍기를 하지 않고 스티커만 붙이더라도 영아의 모든 작품을 존중한다.

2. 연령별 보육활동계획안 작성 사례

보육활동계획안은 대체로 해당 학급 영유아의 흥미에 따른 단위 보육활동을 계획하거나, 해당 학급의 주제 및 소주제를 토대로 한 단위 보육활동을 계획하는 것이다.

1) 단위 보육활동 계획

영아의 흥미에 따른 단위 보육활동 계획의 예를 들면, 다음과 같이 계획해 볼수 있다. 그동안 해당 학급 영아의 놀이를 관찰한 결과, 눈이 오는 날에는 눈을 탐색했고 눈사람에 대한 그림책 보기를 좋아하여 눈사람과 관련된 활동을 반복적으로 즐기고 있다. 또한 리듬악기를 활용하여 노래 부르기를 즐겨 하는 특성을 보였다. 따라서 〈예시 9-8〉과 같이 눈사람 모양의 심벌즈를 만들어 겨울 노래 부르기 단위활동을 계획하였다.

〈예시 9-8〉 **단위 보육활동계획안**

제출일	○월 ○○일 목요일	결재	실습생	지도교사	원장
			㉑	㉑	㉑
실습학급	토끼반(2세)	일시	20○○. ○○. ○○. ~ 20○○. ○○. ○○.		
실습생	정○○	지도교사	○○ 선생님		

주제	겨울과 모양을 즐겨요	소주제	추워요
활동일시	20○○. ○○. ○○.	활동시간	
활동명	눈사람 심벌즈	활동유형	음률영역
활동목표 (표준보육 과정 관련요소)	• 다양한 재료를 활용하여 심벌즈를 꾸민다. (신체운동〉신체조절과 기본운동〉눈과 손을 협응하여 간단한 사물을 조작한다.) • 꾸미기 재료의 각 특성을 탐색하고 특성을 비교한다. (자연탐구〉수학적 탐구〉구분하기〉비슷한 것끼리 짝을 짓는다.) • 리듬에 맞추어 심벌즈를 연주한다. (예술경험〉예술적 표현〉리듬 있는 소리, 노래, 움직임과 춤으로 표현하기〉신체, 악기, 사물을 이용하여 간단한 리듬과 소리를 만든다.)		

활동내용	활동준비자료
도입 • 눈사람에 대한 이야기 나누기 T: 눈을 굴려서 눈을 굴려서 눈사람을 만들자♬ 선생님은 모자! 장갑! 단추!로 눈사람을 꾸며서~ 예쁜 눈사람이 됐네~ ○○이는 어떤 눈사람을 만들고 싶어요? • 눈사람 심벌즈 탐색하기 –영아와 함께 심벌즈를 탐색한다. T: 선생님이 눈을 굴려서~ 눈사람한테 모자도 씌워 주고 장갑도 끼워 주고 단추도 달아 줬더니! 짠~이런 눈사람이 만들어졌어요! ○○이도 여기 눈사람 한번 봐 볼까? 눈사람이 무슨 색 모자를 썼지요? C: 빨간색이요. T: 그런데 여기 있는 눈사람들 코 색깔이 다 다른 것 같아! ○○이가 가지고 있는 눈사람은 코가 무슨 색이에요? C: 파랑색이요. T: 여기 눈사람의 코 색깔이랑 몸에 단추 색깔이 같은 건 어디 있을까? 선생님은 노란 코인데 노란 단추가~ 여기 있다! ○○이도 한번 찾아볼까? T: 여기 눈사람 뒤에 뭐가 붙어 있어! 이게 뭘까? –악기의 이름을 소개하고, 악기를 연주했을 때 나는 소리에 대해 이야기를 나눈다. T: 이 악기의 이름은 심.벌.즈.라고 해요. 눈사람 모양이니까 우리 눈사람 심벌즈라고 할까? T: 같은 색의 눈사람을 부딪쳤더니 무슨 소리가 나는 것 같아! 어떤 소리가 나는 것 같아?	–공CD –펠트지 –솜공 –단추 –병뚜껑
전개 • 노래를 부르며 눈사람 심벌즈 연주하기 –영아가 부르고 싶은 노래를 부르며 심벌즈를 연주한다. 교사는 심벌즈를 연주하며 노래의 빠르기와 강약을 바꾸어 가며 놀이를 전개한다. T: 선생님이 오늘 어린이집에 오는데 너무 추웠어! 바람이 쌩쌩 불고~ 바람 불어도 괜찮아요~ 괜찮아요~♬ 우리 노래 부르면서 심벌즈를 연주해 볼까? T: 우리 이번에는 작게 노래를 불러 보자. 점점 크게, 점점 크게! 점점 작게, 점점 작게! T: 이번에는 빠르게~/천~천~히~	

마무리	• 눈사람 심벌즈와 다른 악기를 함께 연주해 보기 –영아가 원하는 다른 악기와 심벌즈를 함께 연주하며 노래를 부른다. T: 우리 다른 악기랑 이 눈사람 심벌즈랑 같이 연주해 볼까?	
유의사항	• 영아에게 충분한 탐색 시간을 제공한다. • 영아가 눈사람의 짝을 맞출 수 있도록 교사가 도움을 준다(대응의 개념을 알도록 한다).	
교구 제작방법	–CD의 앞면에는 흰색 펠트지를 크기에 맞게 잘라 양면테이프로 붙인다. –손잡이가 될 부분은 같은 색의 솜공(코, 단추)을 사용한다. 솜공을 바느질을 하여 고정시킨 뒤 글루건으로 다시 한 번 고정시킨다. –CD의 뒷면은 다양한 색의 단추와 병뚜껑을 글루건을 사용하여 붙인다. –병뚜껑 안쪽에는 여러 가지 거울 느낌이 나는 모양으로 색지를 오려 붙인다. –눈사람의 얼굴 부분과 몸통 부분을 꾸민다(모자, 장갑, 단추 등).	

유아반의 경우에도 유아의 흥미에 따른 단위활동을 계획할 수 있다. 4세반 유아들이 동네로 산책을 갔을 때 주유소에서 자동차가 주유하는 장면을 관찰한 후 주유기에 관심을 가지게 되었다. 따라서 〈예시 9-9〉와 같이 단위활동을 계획하였다.

〈예시 9-9〉 **단위 보육활동계획안 작성 예시(4세반)**

제출일	○월 ○○일 ○요일		결재	실습생	지도교사	원장
				㉑	㉑	㉑
실습생	○○○		지도교사	○○○		
반명	4세 ○○반		일시	○월 ○○일 ○요일 오전 10:00~10:30		
주제	우리 동네		소주제	우리 동네 모습과 생활		
활동명	주유소 놀이		흥미영역/활동유형	역할영역/역할놀이		

활동
목표
	• 우리 동네의 주변 기관과 생활 모습에 관심을 갖는다.
	  (사회관계〉사회에 관심 갖기〉지역사회에 관심 갖고 이해하기〉우리 동네 사람들이 하는 일에 관심을 갖는다.)
	• 동네에서 일어나는 모습을 표현해 볼 수 있다.
	  (예술경험〉예술적 표현〉극놀이로 표현하기〉일상생활의 경험을 극놀이로 표현한다.)					

활동방법	활동자료
1. 주유소 화보를 보며 이야기를 나눈다. −(주유소 화보를 보여 주며) 이곳은 어디일까? −주유소에 가 본 적이 있니? −주유소에서 무엇을 보았었니? 주유소에는 무엇이 있을까? −(유아가 말한 대답을 따라 말하며) ○○도 있겠구나. −주유소에는 어떤 사람들이 있지? 2. 주유소를 구성한다. −우리도 주유소를 만들어 놀이해 보자. −주유기는 어디에 두는 것이 좋을까? −주유기를 따라 자동차가 주유소 안으로 들어왔다가 기름을 넣고 다시 나가는 길이 있으면 좋겠구나. 길은 어떻게 만드는 것이 좋을까? −길에 있는 신호등은 어디에 만들면 좋을까? −어디가 주유소 입구라고 할까? 어디가 주유소 출구라고 할까? −입구와 출구는 무엇으로 만들면 좋을까? −계산하는 곳은 어디에 있으면 좋을까? −계산대는 무엇으로 만들면 좋을까? −세차장은 어디에 만들면 좋을까? −세차장은 무엇으로 만들면 좋을까? −우리가 말한 것처럼 역할을 나누어 구성해 보도록 하자. −○○이가 블록으로 길을 만들어 줄까? −세차장은 누가 만들어 줄까? 3. 주유소 놀이할 때 필요한 역할을 정한다. −주유소를 다 구성했니? −자, 그럼 자동차를 운전하여 기름을 넣으러 갑시다. 자동차를 운전할 사람은 누가 할까? 버스 기사가 되고 싶은 사람 있니? 소방관이 되어 소방차를 운전해 볼 사람은? −주유소에서 손님들의 자동차에 기름을 넣어 줄 주유원은 2명이 필요하구나. 어떤 친구가 주유원을 해 보겠니?	−유아들이 직접 탈 수 있는 장난감 자동차 −주유기

－세차를 해 줄 사람이 필요하구나. 세차원이 될 사람은 누구니?

－계산을 해 줄 사람이 필요해. 계산하는 사람 역할을 맡을 친구는 누구니?

－(화이트보드판에 역할별로 인원을 확인하며 인원이 많을 경우에는) 소방 관은 한 명씩 할 수 있어. 어떤 방법으로 순서를 정하면 좋을까? 누가 먼저 소방관이 될 수 있다고 할까?

－(유아들이 제시하는 의견을 따라) 그렇게 정해 보자.

－그럼, ○○이가 이 역할을 하고, ○○이는 다른 역할을 하도록 하자.

－역할이 정해졌으니 이제 놀이를 시작해 보자. 각자 맡은 역할 위치로 이동 해 보자.

－자동차는 그 종류마다 다양한 역할이 있단다. 운전을 할 때는 차에 있는 사 람을 생각해서 조심스럽게 안전하게 운전을 하고, 신호등을 보고 신호를 지켜 주어야 해요.

4. 유아들이 각자 자신의 역할에 맞게 놀이할 수 있도록 지도한다.

－(주유소 손님 역할을 맡아) 주유원 님, 기름이 다 떨어졌어요.

－1L만 넣어 주세요.

－(세차장 손님 역할을 맡아) 자동차가 너무 더러워진 것 같아요. 깨끗하게 닦아 주세요.

－(충분히 놀이를 한 후 역할을 바꾸어 진행해 보도록 지도한다.)

5. 놀이를 평가하며 활동을 마무리한다.

－주유소 놀이 재미있었니?

－어떤 역할이 재미있었니?

－어떤 놀이(상황)가 재미있었니?

확장 활동	• 역할영역과 쌓기영역을 연계하여 놀이를 진행해 볼 수 있다. • 놀이 상황 속에 계산하는 과정에서 지폐나 카드를 넣어 가계의 원리를 이해하도록 돕거나, 길 구성에서 신호등과 건널목을 넣어 교통 교육을 적용해도 좋을 것으로 보인다.
유의 사항	• 유아들이 충분히 다양한 역할을 맡아 놀이해 보도록 유도한다.

출처: 보건복지부, 육아정책연구소(2016).

2) 반일 또는 일일 보육활동계획

보육실습 중 가장 주요한 일은 해당 학급의 반일 또는 일일 보육활동을 계획하고 실행하는 것이다. 따라서 영유아의 흥미에 적절하고 보육활동 참여에 대한 동기를 높일 수 있는 반일 또는 일일 보육활동계획은 자세하게 수립되어야 한다. 또한 보육활동들이 자연스럽게 연계되어 하루 일과도 자연스럽게 운영될 수 있도록 다음의 주의사항을 토대로 계획한다(한국보육진흥원, 2010b).

- 주제와 소주제를 고려하여 영유아의 전후 경험이 맥락적으로 연결되도록 고려한다.
- 일과운영은 학급의 일과를 충분히 반영하여 일관성 있게 계획한다.
- 일과 시간대별로 계획하되 각 영역별 보육활동계획안을 포함한다.
- 날씨 변화, 특별한 상황이 발생할 경우를 대비하여 대안을 준비한다.
- 일과 흐름을 안내하는 전이활동(정리정돈, 화장실 다녀오기, 실내외 이동하기 등)의 상호작용을 계획한다.
- 영유아와 풍부한 상호작용을 할 수 있도록 계획한다.
- 자유선택활동 계획은 실습생이 준비한 보육활동만으로 '활동영역, 활동목표, 활동자료, 활동방법' 순으로 간략히 진술한다.
- 한 가지 보육활동을 마무리 짓고 다음 보육활동으로 전이(transition)하는 전략을 기술한다.
- 배변 및 손 씻기, 간식 · 식사 지도, 정리정돈, 낮잠지도와 같은 일상생활지도 전략을 함께 진술한다.
- 일일 보육활동계획안을 작성할 때 실습생 주도의 보육활동은 보육활동계획안을 함께 작성하여 첨부한다.

먼저, 영아반을 대상으로 한 반일 또는 일일 보육활동계획안은 다음과 같이 수립할 수 있다. 해당 학급의 주제와 소주제의 개념 전개도와 월간 보육활동계획안 및 주간 보육활동계획안을 검토한 후, 이와 관련된 활동을 계획해 볼 수 있다. 예를 들어, 2세반 학급의 '엄마, 아빠가 좋아요' 소주제에 따른 보육활동들을 선정하고, [그림 9-1]과 같이 활동들의 연계성을 고려하여 도식을 구성해 볼 수 있다.

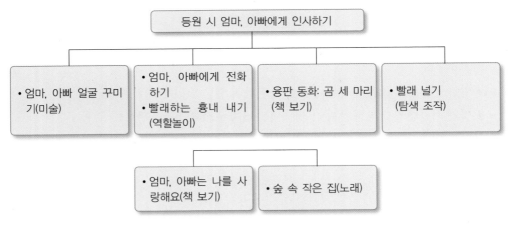

[그림 9-1] 단위 보육활동(소주제: 엄마, 아빠가 좋아요) 전개도

출처: 김지은 외(2013).

이와 같은 활동 연계성을 토대로 〈예시 9-10〉과 같이 일일 보육활동계획안을 작성해 볼 수 있다.

〈예시 9-10〉 일일 보육활동계획안 작성의 예시(2세반)

제출일	○월 ○○일 ○요일	결재	실습생	지도교사	원장
			㊞	㊞	㊞
실습생	○○○	지도교사	○○○		
반명	2세 ○○반	일시	○월 ○○일 ○요일		
주제	나는 가족이 좋아요	소주제	나는 엄마 아빠가 좋아요		

시간 및 일과	활동계획 및 내용	활동자료 및 유의점
등원 및 실내놀이 (통합보육) 7:30~9:00	• 밝은 분위기로 영아와 보호자를 맞이하고 보호자에게 영아의 상태를 듣고 살핀다. • 부모가 기록한 일일보고서를 확인한다. • 어린이집에 누구와 왔는지 이야기하기 • 엄마, 아빠에게 인사하기	등하원 기록지, 투약 의뢰서, 투약 상자, 알림장, 유아 개별 서랍장 지도 교사 조언 그동안 인사하기를 거부했던 영아나 고개 숙여 인사하기 시작한 영아에게 구체적인 표현으로 칭찬해 주시면 좋을 것 같습니다.
대소변 가리기 손 씻기 9:00~9:20	• 화장실에 다녀오도록 하고 대소변 가리기를 도와준다. • 손을 스스로 씻을 수 있도록 한다.	물비누, 종이 타월
오전 간식 9:20~9:50	• 먹고 난 후 스스로 정리정돈하도록 한다. • 실내 놀이로 계획된 활동이 자유선택 활동으로 이루어지도록 한다.	오전 간식: 스프와 빵 지도 교사 조언 간식을 먼저 먹은 영아에게 조용한 놀이를 하도록 안내하여 다른 영아들의 간식시간을 방해하지 않도록 하면 좋겠습니다.

오전 실내 자유놀이 9:50~ 10:30	• 영아의 흥미에 따라 스스로 선택한 놀이를 한다. • 영아의 놀이에 개별적으로 상호작용한다. • 영아가 또래에게 관심을 가지도록 또래의 놀이 행동, 특성 등을 이야기해 준다. [만들기영역] 엄마, 아빠 얼굴 꾸미기 ○ 활동방법 1. 종이 접시에 그려진 엄마, 아빠 얼굴 모양을 탐색한다. 2. 여러 가지 꾸미기 재료를 탐색하고 각 특성을 비교해 본다. 3. 다양한 엄마, 아빠 얼굴을 꾸민다. 4. 자신의 작품을 원하는 곳에 게시하고 감상한다. [책보기영역] 곰 세 마리 ○ 활동방법 1. 영아들이 융판 자료에 관심을 보이면 자료를 곰 세 마리 이야기를 들려준다. 2. 영아들이 융판자료를 떼었다 붙였다 해 본다. 3. 영아들이 각 그림 자료를 붙일 때 크기와 모양을 비교해 본다. 4. 가장 큰 것과 가장 작은 것을 선택해 본다. [탐색·조작영역] 빨래 널기 ○ 활동방법 1. 빨래 널기 퍼즐의 각 조각이 어떤 옷인지 등과 같이 색깔, 모양에 대해 탐색한다. 2. 영아 스스로 퍼즐 조각을 맞추도록 한다. 3. 퍼즐 맞추기를 끝내면 바구니에 담아 장에 넣도록 안내한다.	종이 접시, 털실, 스티커, 색종이, 풀, 테이프 지도교사 조언 영아들은 기존 상품 스티커는 잘 떼어 내지 못하므로 시트지를 활용하여 3cm 정도의 스티커로 준비해 주면 좋을 것 같습니다. 융판, 곰 세 마리 융판자료 지도교사 조언 아빠 곰, 엄마 곰, 아기 곰 순서대로 융판자료를 놓아 보게 하면서 '가장 큰지' '가장 작은지'에 대한 이야기를 해 주면 좋을 것 같습니다. 빨래 널기 한 조각 퍼즐

오전 실내 자유놀이 9:50~ 10:30	[역할놀이영역] 빨래 널기 흉내내기 ○ 활동방법 1. 빨래가 된 옷들을 탐색한다. 2. 다양한 빨래(옷, 양말, 수건 등)를 탐색하며 모양, 색, 촉감 등을 비교해 본다. 3. 빨래가 된 옷들을 건조대에 널어 보도록 한다. 4. 빨래가 다 마르면 정리하는 역할을 흉내 내어 본다.	다양한 촉감의 손수건, 양말, 티셔츠 등, 빨래 건조대, 빨래집게 지도교사 조언 영아가 조작할 수 있도록 나무로 된 작은 빨래집게가 적절한 것 같습니다.
	[쌓기놀이영역] 와플 블록으로 구성하기 ○ 활동방법 1. 영아가 원하는 모양대로 와플 블록을 연결해 본다. 2. 길게 연결해 보도록 격려한다. 3. 폐쇄된 공간으로 집 만들기를 한다.	와플 블록 지도교사 조언 영아들은 집을 만들면 집에서 잠자기, 밥 먹기 등의 흉내 내기 놀이를 즐겨 하므로 이런 역할놀이도 연결해서 하면 좋겠습니다.
	[음률영역] 곰 세 마리 ○ 활동방법 1. 손유희에 맞추어 〈곰 세 마리〉 노래를 부른다. 2. 큰 소리로 노래를 부르며 손유희 동작을 크게 해 본다. 3. 작은 소리로 노래를 부르며 손유희 동작을 작게 해 본다.	
	[신체영역] 한 발로 서서 거울보기 ○ 활동방법 1. 벽면의 거울 앞에 서서 자신의 신체를 탐색한다. 2. 머리, 손, 팔, 다리, 엉덩이 등 신체 부위를 알아본다. 3. 한 발로 선 자신의 모습과 또래의 모습을 비교해 본다.	지도교사 조언 영아들 간의 거리를 충분히 두고 한 발로 서도록 하여 옆의 영아에게 방해되지 않도록 합니다.

정리정돈 및 전이활동 10:30~ 10:40	• 영아와 함께 정리하면서 영아 스스로 제자리에 놓아 보도록 한다. • 실외놀이를 하러 나가기 전에 화장실에 다녀오도록 한다. • 전이활동: 숲속 작은 집 노래 부르기 그림책 『엄마, 아빠는 나를 사랑해요』 • 다음 놀이 장소를 알려 주고 안전하게 이동한다.	*지도교사 조언* 매일 반복되는 일과이므로 조금 다른 에피소드를 찾아서 상호작용해 보세요. 안전하게 이동하기 위한 구체적인 방법을 계획해 보세요.
실외자유 놀이 10:40~ 11:20	• 준비한 실외놀이 활동, 대근육활동, 물·모래놀이 등을 한다. [실외놀이 활동] 여러 가지 그릇에 모래 담아 보기 ○ 활동방법 1. 동그라미, 세모, 네모 모양 및 다양한 그릇 모양을 탐색하고 비교한다. 2. 각 그릇에 모래를 담고 꼭꼭 누른 뒤 뒤집고, 모래 모양과 그릇 모양을 비교한다. [대안활동] 비눗방울 잡기 ○ 활동방법 1. 교사가 비눗방울을 불어 주고 탐색해 보도록 한다. 2. 다양한 방향으로 비눗방울을 불어 주고 잡아 보도록 한다.	여러 가지 그릇, 숟갈이나 작은 모래 삽, 비눗물과 불기 도구 *지도교사 조언* 영아들은 비눗방울 잡기 놀이를 아주 좋아하기 때문에 너무 흥분하여 잡는 행동이 과격해질 수 있으므로 안전에 주의해야 합니다.
점심 준비 및 이 닦기, 대소변 가리기 11:20~ 12:30	• 식사 전에 스스로 손을 씻도록 한다. • 입 안의 음식을 다 먹고 이야기하도록 한다. • 점심식사 후 이 닦기를 도와준다. • 낮잠 자기 전에 기저귀를 갈거나 화장실을 다녀오도록 한다.	물비누, 종이 타월 점심: 밥, 된장국, 계란조림, 열무김치, 호박나물 *지도교사 조언* 영아들이 좋아하는 의성어와 의태어를 사용하면 식사 지도를 효과적으로 할 수 있습니다.

낮잠 준비 및 낮잠 12:30~ 15:00	• 편안한 차림으로 자기 이불에 눕도록 한다. • 조용한 음악이나 자장가를 들려준다.	지도교사 조언 영아들이 자신의 이불과 베개를 찾아서 스스로 이불에 누워 보도록 합니다.
낮잠 깨기, 대소변 가리기, 오후 간식 15:00~ 16:00	• 낮잠에서 일어나면 잠자리를 정리한다. • 화장실에 다녀오도록 한다. • 스스로 손을 씻도록 한다. • 포크나 수저를 이용해 스스로 먹는다.	오후간식: 비빔국수 지도교사 조언 국수를 잘 씹지 않고 삼키는 영아는 국수가 목에 걸리지 않도록 하기 위해 국수를 잘게 자른 뒤 숟가락으로 먹도록 합니다.
실내외 자유놀이 16:00~ 18:00	• 오후 실내외 자유놀이는 영아들이 흥분하지 않도록 과도한 자극은 줄이고 편안하게 놀이하도록 한다. • 영아가 원하는 영역에서 놀이하고 개별적으로 긍정적인 상호작용을 나눈다. [만들기영역] 엄마, 아빠 얼굴 꾸미기 [책보기영역] 곰 세 마리 [탐색 · 조작영역] 빨래 널기 [쌓기놀이영역] 와플 블록으로 구성하기 [신체영역] 한 발로 서서 거울 보기	
조용한 놀이 귀가 준비 및 귀가 (통합보육) 18:00~ 19:30	• 간단히 얼굴과 손 등을 씻기고, 옷을 입히고, 소지품을 챙기는 등 귀가 준비를 하고 일일보고서를 작성한다. • 부모가 올 때까지 영아가 안전하고 편안하게 개별적인 놀이를 하도록 한다. • 부모와 영아의 상태에 대해 이야기하고 귀가 인사를 한다.	지도교사 조언 갈아입을 옷과 기저귀 여분이 부족한 영아들을 확인하고 부모님께 알려야 합니다.
유의사항	비가 오면 실외 자유놀이는 실내 유희실 놀이로 대체한다.	

유아반의 경우 이와 같이 주제와 소주제에 따른 각 흥미영역별 활동과 대소
집단활동, 실외놀이활동을 계획하고 등·하원, 점심 및 낮잠 등의 기본생활습
관 지도방법을 계획하여 〈예시 9–11〉과 같이 일일 보육활동계획안을 작성할
수 있다.

〈예시 9–11〉 **유아반 일일 보육활동계획안 작성**

제출일	○월 ○○일 ○요일	결재	실습생	지도교사	원장
			㉿	㉿	㉿
실습생	○○○	지도교사	○○○		
반명	3세 ○○반	일시	○월 ○○일 ○요일 9:00~18:00		
주제	동식물과 자연	소주제	자연과 더불어 사는 우리		

시간 및 일과	활동계획 및 내용	활동자료 및 유의점
~9:00 등원 및 맞이하기	–유아의 기분에 관심을 갖고, 이름을 부르며 반갑게 맞이한다. 신발장의 위치를 찾아 신발을 정리할 수 있도록 격려한다. –보호자와 유아의 건강 및 기분 상태에 대해 이야기한다. 전날 가정에서 지낸 일상 및 특이사항에 대해 이야기를 듣는다. –보호자와 함께 있고 싶은 유아의 마음을 헤아려 따뜻한 스킨십을 하며 마음을 안정시킬 수 있는 상호작용을 해 준다.	등하원 기록지, 투약 의뢰서, 투약 상자, 알림장 바구니, 알림장, 유아 개별 서랍장 흥미영역별 교구 지도교사 조언 등원 시, 유아가 기분 좋게 어린이집에 올 수 있도록 유아가 흥미로워하는 요소를 확인하고, 그와 관련된 상호작용을 해 보시는 게 좋겠어요. 혹은 생활주제와 연관된 질문이나 등원 길의 과정을 이야기 나눠 보시는 것도 좋은 것 같습니다.

		물비누, 종이 타월 오전간식: 시리얼, 우유
9:00~9:30 오전 간식	−식사 전에 화장실에 가서 손을 깨끗이 씻는다. −바르게 앉아서 먹어 본다. −포크나 수저를 이용해 스스로 간식을 먹고 난 후 정리 정돈 한다.	**지도교사 조언** 간식의 메뉴를 소개하여, 유아들이 다음 일과에 대해 기대하며 정리를 부지런히 할 수 있도록 유도하는 것도 정리를 격려하는 방법입니다.
9:30~10:30 오전 실내 자유놀이	−자유롭게 교실을 둘러보며 선생님, 친구들과 함께 놀이를 한다. 유아의 흥미에 따라 각 영역에서 놀잇감을 탐색하며 자유롭게 놀이한다. −유아의 흥미에 따라 개별적으로 상호작용한다. [언어영역] −동물 글자 모양 탐색하기 ○ 활동방법 1. 글자 모양 판에서 '소, 돼지, 강아지, 고양이' 글자를 살펴본다. 2. 글자를 손으로 만지며 촉감을 따라 손가락으로 글자를 써본다. 3. 글자를 입으로 따라서 말해 본다. 4. 글자의 생김새를 반복하여 탐색해 본다. [미술영역] −씨앗 마라카스 만들기 ○ 활동방법 1. 다양한 씨앗의 모양을 살펴본다. 2. 씨앗을 뚜껑이 있는 투명한 플라스틱 음료수 병 안에 넣어 소리를 들어본다. 3. 음료수 병의 뚜껑을 덮어 고정하고, 병의 겉면을 꾸민다.	동물 글자 모양 판 다양한 씨앗, 뚜껑이 있는 투명한 플라스틱 음료수 병, 물레방아 테이프, 매직, 네임펜, 스티커 등 꾸미기 재료 **지도교사 조언** 씨앗 마라카스를 만드는 과정이 '병을 꾸미고, 씨앗을 넣는' 두 가지 과정이 있어, 하루에 다 진행하기 어려워하는 유아가 있을 수 있습니다. 한 번에 여러 가지 활동에 참여하기 힘들어하는 유아는 단계를 나누어 하루에 한 가지 단계씩 진행하는 것도 좋을 것 같아요. 유아가 놀이를 버거워하거나, 힘들어하지 않도록 제시해 주는 것도 필요합니다.

	4. 완성된 씨앗 마라카스를 감상하여 본다. 5. 음률영역에서 '씨앗 마라카스 연주하기' 활동으로 확장하여 진행할 수 있다.	
	[수조작영역] －동물 다리 수만큼 가기 ○ 활동방법 1. 게임판과 주사위를 살펴본다. 2. 어떻게 하는 놀이인지 놀이방법을 알아본다. 3. 게임 방법에 맞게 놀이해 본다. 　① 출발선 앞에 각 팀의 말을 올려놓는다. 　② 먼저 할 팀의 순서를 정한다. 　③ 주사위를 던져 나온 동물의 다리 수를 확인한다. 　④ 동물의 다리 수만큼 말을 말판에서 이동한다.	'동물 다리 수만큼 가기' 놀잇감 여러 가지 색깔의 자연물, 흰 도화지로 만든 색깔 분류 판, 목공용 풀 혹은 테이프 미술영역에서 만든 씨앗 마라카스
9:30~10:30 오전 실내 자유놀이	⑤ 각 팀이 번갈아 가며 순서에 맞게 주사위를 던지고, 말을 옮긴다. 　⑥ 각 팀 중, 한 팀의 말이 도착하면 게임이 끝난다. 　⑦ 먼저 도착한 팀이 우승한다. 4. 활동을 평가한다.	**지도 교사 조언** 미술영역과 연계하여 활동을 진행하여, 두 영역의 활동의 참여도가 높아지는 것을 볼 수 있었습니다. 씨앗 외에도 다른 조형재료를 함께 넣어, 마라카스의 소리가 조금 더 크게 나도록 하여 자신의 작품에 대한 유아의 성취도를 높여 주면 더 좋은 것 같습니다.
	[과학영역] －자연 속의 색을 찾아요 ○ 활동방법 1. 산책을 하며 수집한 여러 가지 자연물을 탐색한다. 2. 자연물을 같은 색끼리 분류한다. 3. 자연물을 색깔별로 색깔 분류 판에 붙여 본다. 4. 자연물과 색깔을 맞게 연결하여 붙였는지 확인해 본다.	
	[음률영역] －씨앗 마라카스 연주하기 ○ 활동방법	과수원 사진, 나무 모형, 과일 모형, 면장갑

9:30~10:30 오전 실내 자유놀이	1. 미술영역에서 만든 씨앗 마라카스를 음률영역으로 가져온다. 2. '봄과 관련된 음악'을 들으며, 씨앗 마라카스를 연주해 본다. 3. 친구들과 함께 씨앗 마라카스를 연주해 본다. 4. 씨앗 마라카스를 연주한 소감을 말해 본다. [역할영역] −과수원 놀이 ○ 활동방법 1. 과수원에 대해 이야기 나눈다. 2. 과수원 놀이에 필요한 역할과 소품에 대해 알아본다. 3. 친구와 역할을 정해 과수원 놀이를 한다. 4. 활동에 대하여 평가한다. [쌓기영역] −수목원 꾸미기 ○ 활동방법 1. 수목원에 대해 이야기 나눈다. 2. 활동 방법에 대해 친구들과 이야기 나눈다. 3. 블록으로 수목원을 구성하여 놀이한다. 4. 활동에 대하여 평가한다. • 천천히 걸어요(기본) −교실을 걸어 다니거나, 일과 중 이동할 때 걸어 다닐 수 있도록 지도한다. −뛰어다닐 경우, 일어날 수 있는 상황에 대해 설명하며 교사가 모델링을 보여 준다. −바른 태도로 걸어 다니는 영아를 칭찬하여, 긍정적인 행동을 강화시켜 주고, 다른 영아에게 모델링이 될 수 있도록 지도한다.	지도교사 조언 다양한 소품을 제시하여, 유아들의 놀이 표현이 좀 더 풍성하게 나타나는 것 같습니다. 수목원 화보, 여러 가지 블록 지도교사 조언 세모 모양 종이벽돌 블록과 네모 모양 종이벽돌 블록을 연결하여 나무를 구성하는 것도 좋은 방법입니다. 유아가 스스로 구성하기 어려워할 경우에는 교사가 모델링을 보여 주셔도 좋겠습니다.

10:30~11:10 정리정돈 및 화장실 가기	−정리노래를 들으며 교사의 도움을 받아 놀잇감을 정리한다. −정리시간이 되기 5분 전에 영아들에게 잠시 후 정리시간이 될 것이라고 알려 준다. −교사와 함께 〈모두 제자리〉〈장난감을 정리하다가〉 노래를 부르며 정리한다. −정리정돈을 한 후 개별적으로 화장실에 다녀올 수 있도록 도와주고, 교사가 쌓기영역 매트 앞에 앉아 유아들을 기다리며 주의 집중한다.	지도교사 조언 매일 반복되는 일과 속에서 조금씩 다르게 나타나는 에피소드를 찾아 상호작용해 보세요. 정리정돈 시간이 좀 더 흥미로운 놀이시간이 될 수 있을 것입니다.
11:10~11:30 대집단 활동 (이야기 나누기)	[이야기 나누기: 더불어 사는 우리] −더불어 사는 우리 ○ 활동방법 1. 우리 생활 속 식물의 쓰임에 대해 생각해 본다. 2. 사람과 식물을 이롭게 하는 동물에 대해 이야기 나눈다. 3. 고마운 동식물을 위해 우리가 할 수 있는 일을 알아본다. 4. 활동에 대하여 평가한다.	더불어 사는 우리 이야기 나누기 화보
11:30~11:50 실외놀이 및 손 씻기	• 교사가 준비한 실외놀이 활동이나 대근육 활동, 물·모래놀이 등을 자유롭게 한다. [실외놀이 활동] −봄 햇살이 좋아요 ○ 활동방법 1. 봄 햇살을 느껴 본 경험에 대해 이야기 나눈다. 2. 실외로 나가 봄 햇살을 느껴 본다. 3. 봄 햇살이 비치는 곳과 그늘의 차이점을 알아보고, 느낌을 이야기해 본다. 4. 봄 햇살을 느끼며, 산책을 해 본다. [대안활동] −주사위 수만큼 오징어 가져오기 ○ 활동방법 1. 오징어와 주사위를 보고 어떻게 하는 놀이인지 알아본다.	비상약품, 카메라, 물티슈, 바깥놀이 옷차림, 운동화, 모자 지도교사 조언 산책을 나가서, 과학영역 '자연 속의 색을 찾아요' 활동과 연계하니 산책을 하며 자연환경을 감상하는 활동이 더 풍성하게 이루어질 것 같네요. 유아의 수준에 적절하여 흥미로울 것 같습니다.

	2. 주사위를 던져 나온 숫자를 확인한다. 3. 융판에 있는 오징어를 숫자만큼 떼어 온다. 4. 도착한 후, 친구와 함께 맞게 떼어 왔는지 확인해 본다. −화장실에 가서 손을 씻고 변을 본다.	오징어 모형, 1∼3 주사위
11:50∼13:20 점심식사, 이 닦기	−즐겁고 편안한 분위기로 식사한다. −한 명의 교사는 유아들과 함께 식사를 하며 올바른 식사 예절의 모델링을 보여 주고, 다른 한 명의 교사는 식사하는 유아들을 도우며, 식사 지도를 한다. −식사 후 다 먹은 식판과 자기 자리를 스스로 정리한다. −밥을 다 먹은 유아들은 책을 읽거나 조용한 놀이를 하며 기다린다. −교실로 돌아와 조용한 놀이를 하며 차례로 이 닦기를 한다. 필요한 경우 젖은 옷을 갈아입혀 주는 것으로 역할을 분담하여 일과를 진행한다.	물비누, 종이 타월 점심: 흑미밥, 된장찌개, 삼치구이, 숙주맛살무침, 열무김치
13:20∼15:00 낮잠 준비와 낮잠	−낮잠을 잘 수 있는 분위기를 만들어 준다. 개인 매트를 깔고 조용한 음악이나 노래를 들려준다. 문을 닫고, 커튼을 내린다. −잠들기 전 교사의 도움을 받아 얼굴을 깨끗이 씻은 후에 매트 위에 누워 볼 수 있도록 한다. −유아의 개별적 수면 습관에 따라 잠들 수 있도록 한다. 잠이 올 때까지 자기 이불에서 또래의 낮잠과 휴식을 방해하지 않고 조용히 쉬도록 한다. 낮잠을 자지 않거나, 일찍 깬 유아는 개별적으로 휴식을 취하도록 한다. −낮잠을 자고 일어난 후, 화장실에 다녀오고, 자신의 이불과 매트를 정리해 본다. −교사가 유아와 함께 침구를 정리하며, 교실 전등을 켜고, 커튼을 올려 준다.	

15:00~15:30 화장실 다녀오기 및 오후 간식	−식사를 하기 전에 화장실에 가서 교사의 도움을 받아 손을 깨끗이 씻어 본다. −유아가 먹을 수 있는 양만큼 먹을 수 있도록 격려하며, 간식을 제공한다. −유아가 즐거운 분위기에서 간식을 먹을 수 있도록 한다.	물비누, 종이 타월 오후 간식: 간장비빔쌀국수, 사과
15:30~ 16:50 오후 실내 자유놀이	−낮잠 후 오후 자유놀이는 과도한 자극은 줄이고 편안하게 오전에 계획된 활동을 반복하거나 교실 외 다른 공간(실외 놀이터, 유희실 등)으로 장소를 이동하여 놀이함으로써 변화를 준다. −원하는 영역에서 자유놀이에 흥미를 가질 수 있도록 돕고, 개별적으로 긍정적 상호작용을 나눈다. [언어영역] − 동물 글자 모양 탐색하기 [미술영역] − 씨앗 마라카스 만들기 [수조작영역] − 동물 다리 수만큼 가기 [과학영역] − 자연속의 색을 찾아요 [음률영역] − 씨앗 마라카스 연주하기 [역할영역] − 과수원 놀이 [쌓기영역] − 수목원 꾸미기 정리 노래를 들으며 교사의 도움을 받아 놀잇감을 정리한다.	
16:50~17:30 오후 실외놀이 및 손 씻기	−실외놀이터에서 자유놀이(또는 유희실 놀이)	
17:30~18:00 귀가	−귀가 준비를 하고 유아와 개별적으로 놀이한다. −부모와 유아의 상태에 대해 이야기하고 귀가 인사를 나눈다. −귀가 준비를 하고 보호자께 하루 일과를 알린다. −통합보육실로 이동하여 자유롭게 놀이한다. −귀가 시 보호자 확인 후 통합보육교사와 인사하며 하원한다.	
유의사항	• 비가 오면 실외자유놀이는 유희실 놀이로 대체한다.	

출처: 보건복지부, 육아정책연구소(2016).

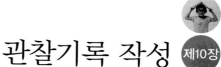

관찰기록 작성 제10장

보육의 실무를 잘 계획하고 실행하기 위해서는 보육현장에 대한 세심한 관찰과 관찰기록이 필요하다. 자신이 담당한 학급의 물리적 환경, 교사의 실무, 영유아 행동 및 발달 특성, 교사와 영유아의 상호작용 특성을 관찰하고 이를 토대로 보육계획을 수립하고 실행해야만 보육실습의 시행착오를 줄일 수 있기 때문이다. 여기서는 보건복지부와 육아정책연구소(2016)가 제시한 관찰기록의 내용을 토대로 물리적 환경 관찰하기, 교사 실무 관찰하기, 영유아 행동 관찰하기, 상호작용 관찰하기에 대해 알아보고자 한다.

1. 물리적 환경 관찰하기

어린이집의 물리적 환경 특성에 대해 잘 이해하여야만 효과적인 보육을 위한 환경 구성을 할 수 있으며 보육활동을 계획할 수 있다. 보건복지부와 육아정책연구소(2016)는 어린이집의 물리적 환경을 관찰할 때의 유의사항과 관찰 초점을 다음과 같이 제시하였다.

■ **보육환경 관찰 시 유의사항**

• 교사나 영유아의 활동을 방해하지 않는다.

• 환경에 대한 의문점은 일과가 끝난 후 교사나 원장에게 질문한다.

• 기록을 할 때는 교사나 영유아에게 방해되거나 주의를 끌지 않도록 한다.

• 환경 관찰은 언제 어디서나 이루어질 수 있다.

• 어린이집 평가인증지표를 숙지하고 이를 근거로 환경을 관찰한다.

• 환경 관찰을 한 후 개선할 사항이 있다고 판단되면 개선방안 계획을 연습해 본다.

■ **보육환경 관찰의 초점**

• 보육실은 청결한가?

• 영유아의 작품은 진열되어 있는가?

• 게시판은 영유아의 흥미를 끄는가? 게시자료는 진행되고 있는 주제 및 소주제와 관련 있는가?

• 보육실 공간은 영유아의 연령, 발달 특성을 고려하여 흥미영역으로 구성되어 있으며 배치는 적절한가?

• 영유아가 혼자 활동하거나 휴식을 취할 공간이 있고 이를 쉽게 이용할 수 있는가?

• 실외 놀이터 또는 대체 놀이터가 있고 놀이기구는 3종 이상인가?

• 영유아의 발달 수준에 적합한 신체활동 자료가 다양하고 충분한가?

• 언어활동 자료가 듣기, 말하기, 읽기, 쓰기의 네 영역으로 마련되어 있고 영유아의 수에 적절하게 충분한가?

• 자연탐구(수과학) 활동자료가 다양하고 대부분 실물자료로 구성되어 있는가?

- 예술활동(음악, 동작, 미술) 자료가 다양하고 양이 충분한가?
- 역할놀이 및 쌓기놀이 자료가 다양하고 충분한가?
- 비품과 활동자료를 보관할 장소나 자료실이 별도로 있으며, 자료가 체계적으로 정리되어 있는가?
- 교사를 위한 개인 사물함이나 개별 책상이 있고 별도의 공간도 마련되어 있는가?
- 보육교사용 참고자료가 충분하고 이를 자유롭게 활용하는가?

영유아가 교육적인 경험을 하고 다양한 생각 및 감정을 느끼며 성장하도록 하기 위해 중요한 요소 중 하나는 보육실 환경이다. 실습 초기에 보육실 환경을 관찰한 후, 공간 구성을 평면도로 그리고 각 흥미영역의 놀잇감이나 놀이 행동을 기록하면 해당 학급에서 이루어지고 있는 보육내용을 알 수 있다. 〈예시 10-1〉은 4세반 보육실의 환경 구성을 관찰·기록한 예이다.

〈예시 10-1〉 **실내 생활영역 및 흥미영역 관찰기록**

관찰자	○○○	관찰일시	년 월 일 요일
관찰기관	○○ 어린이집	관찰학급	○○반/ 4세

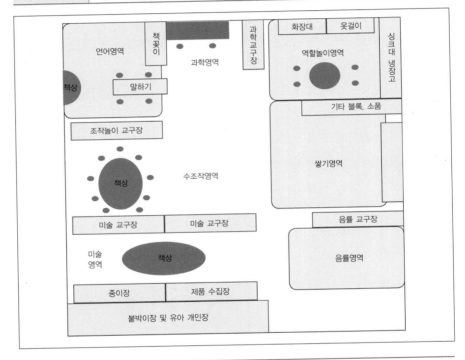

관찰내용	• 언어영역, 수조작영역, 미술영역, 음률영역, 쌓기영역, 역할놀이영역, 과학영역의 7개 흥미영역으로 구성되어 있음 • 언어영역, 수조작영역, 과학영역은 조용하고 건조한 곳에 배치되었고, 역할놀이영역, 쌓기영역, 음률영역은 활동적인 곳에 배치되어 있음 • 물이 필요한 조형영역은 물을 사용하기 위해 교실 밖 화장실로 이동하기 쉽도록 문 근처에 배치함 • 다른 영역에 비해 과학영역이 다소 협소함

출처: 안선희 외(2015).

〈예시 10-1〉의 관찰기록 내용을 토대로 다음과 같이 해당 학급의 물리적 특성을 해석해 볼 수 있다. 유아반의 경우, 홍미영역은 최소 6개 이상으로 구성되어야 하므로 7개 홍미영역으로 구성된 것은 적절한 구성이라 하겠다. 또한 각 홍미영역의 특성에 적절하게 위치되어 있으며 유아가 놀이 도중에 또래를 방해하지 않고 각 홍미영역을 이동할 수 있도록 배치되어 있다. 이로 인해 유아들 간의 갈등 상황 없이 안정적으로 놀이하는 모습이 관찰되었다. 다만, 과학영역이 다른 영역에 비해 좁게 구성되었다. 해당 학급 유아들이 다른 홍미영역에 비해 과학활동에 대한 홍미가 적은지 관찰해 보아야 하겠다.

〈예시 10-2〉는 영아반의 실내 생활영역 및 홍미영역 구성에 대한 관찰 예시이다.

〈예시 10-2〉 **2세 영아반 실내 생활영역 및 홍미영역 구성 적절성 관찰 예**

관찰자: 관찰기관: ○○어린이집					관찰일시: 년 월 일 요일 관찰학급: 2세					
영역	간식	낮잠	대소변 가리기	신체	언어	감각 · 탐색	역할 · 쌓기	미술	음률
관찰결과	○	○	○	○	○	○	○	○	○
관찰내용	• 학급과 화장실이 연결되어 있어 교사가 2세아 배변지도를 하기에 적절함 • 신체영역에서 붕붕차를 미끄럼틀 옆 벽에 정리하고 있으나 정리하는 위치가 정확히 제시되어 있지 않음 • 감각 · 탐색영역과 미술영역이 함께 구성되어 있음								

* 각 영역이 적절하게 구성되었으면 ○, 보통 수준이면 △, 부적절하면 ×로 기록함
출처: 안선희 외(2015).

〈예시 10-2〉의 관찰기록 내용을 토대로 해당 학급의 물리적 특성을 분석해 보면 다음과 같다. 붕붕차 정리 위치에 붕붕차 그림이나 주차 표시를 제시하면

영아가 쉽게 정리할 수 있을 것이다. 새학기이기 때문에 감각 · 탐색과 미술영역이 같은 공간에 배치된 것으로 추측된다. 그러나 감각 · 탐색 활동이 활발한 연령이므로 독립된 영역으로 구성하고 영아의 놀이 특성이 변화하는지 점검해 보면 좋을 것이다. 미술활동 시 물을 사용하는 경우가 많으므로 화장실 사용이 용이한 위치에 배치하는 방안을 검토해 보면 좋을 것 같다.

영아반의 경우, 수유 및 이유, 기저귀 갈기 등과 같은 일상생활 활동이 중요하고 많이 이루어지기 때문에 일상생활영역과 흥미영역의 구성 및 배치를 살펴보아야 한다. 구성된 각 영역의 크기나 위치, 안전한지 등을 관찰하여 효율적인 보육실 환경을 구성하기 위한 방안을 모색해 볼 수 있다.

더 알아보기

실내 생활영역 및 흥미영역 구성 관찰 시 다음 사항을 참고로 관찰한 내용을 분석하면 효과적이다(김희진, 박은혜, 이지현, 2014).

- 위생 및 안전: 각 영역에서 영유아가 안전하고 위생적으로 생활할 수 있는지를 관찰한다. 또한 각 영역에서 교사가 학급 내 모든 영유아를 볼 수 있도록 구성되어 있는지 확인한다.
- 공간 크기: 같은 영역에서 활동하고 있는 영유아들의 간격이 충분한지, 영역 밖으로 나와서 놀이하는 영유아가 많은지 등을 관찰한다.
- 영역 위치의 적절성: 조용한 구역과 활동적인 구역을 나누어 각 영역 특성에 적절하게 배치하였는지 관찰한다. 또한 가림판, 교구장, 러그 등을 활용하여 다른 영역과 분리되도록 배치하였는지 관찰한다.
- 교구장: 각 영역에 적절한 크기, 수의 교구장이 준비되어 있는지, 교구장이 견고하고 안전하게 이동 가능한지 등을 관찰한다.
- 놀잇감 접근 및 정리정돈 용이성: 영아가 원하는 놀잇감에 쉽게 접근할 수 있도록 배치되었는지, 사용한 놀잇감을 쉽게 정리할 수 있도록 밑그림 등이 있는지 관찰한다.
- 기타: 관찰표에 제시되지 않은 흥미영역이나 기준 등이 있으면 기록한다.

2. 교사의 실무 관찰하기

보육교사의 실무는 어린이집 정원 규모, 어린이집 유형, 제공하는 서비스의 종류, 가족 및 지역사회의 요구에 따라 큰 차이가 있다. 실습생이 어린이집의 특성에 대한 이해를 토대로 보육교사의 실무를 직간접적으로 관찰하면 보육교사에게 요구되는 직무 역량을 파악할 수 있다. 이를 위해서는 대체로 다음과 같은 교사 직무를 관찰하는 것이 효과적이다.

- 등원지도 시 영유아들을 맞이하는 상호작용은 어떠한가?
- 등원지도 시 보호자와 영유아의 건강과 기분 상태에 대한 의사소통은 어떠한가?
- 영유아의 일상생활(수유 및 이유, 배변, 손 씻기, 낮잠 등)의 지도 절차와 상호작용은 어떠한가?
- 교사의 일과 중 위생과 안전과 관련된 직무는 어떠한가?
- 교사의 가정 연계 및 보호자와의 의사소통을 위한 실무(전화, 알림장, 가정통신 배부)는 어떠한가?
- 동료 교사 및 기타 교직원과 협력하는 태도와 실천 행동은 어떠한가?

교사의 직무 중 부모 및 보호자와의 의사소통은 가정과 함께 협력하는 보육을 제공하는 데 매우 중요한 요소이다. 등원시간에 교사가 부모 및 보호자와 의사소통하는 것을 관찰한 예를 토대로 교사 직무의 중요성을 알아보고자 한다. 영유아의 특성상 등원시간에는 가족과 헤어지는 것을 힘들어하는 경우가 많고, 등원 시 교사가 파악한 영유아에 대한 정보는 그날 개별적인 보육을 제공하기 위해 매우 중요하다. 〈예시 10-3〉과 같이 등원 시 확인해야 할 영유아 개인에 대한 사항을 기록하면 효과적이다.

〈예시 10-3〉 등원 시 영유아 관찰 사항

| 관찰자: | 관찰일시: 년 월 일 |
| 관찰기관: | 관찰대상: 반(세), 이름: ○○○ |

표정	☐밝은 얼굴 ☐웃는 얼굴 ☐활기찬 얼굴 ☐우는 얼굴 ☐화난(짜증난) 얼굴
병색	☐기침 ☐콧물, 코막힘 ☐눈곱 ☐눈의 충혈 ☐피부의 상처 ☐입술의 상처 ☐열(37℃ 이상) ☐멍 자국 ☐창백한 안색 ☐두통 ☐코피 ☐귀의 통증
청결	☐얼굴, 손, 머리 등 청결 ☐손톱의 길이 및 청결 ☐입냄새 ☐의복 청결 ☐기저귀 상태(영아의 경우)
행동특성	☐부모와 잘 헤어지는가? ☐자세나 행동이 정상인가? 부자연스럽지 않은가? ☐피곤하거나 지쳐 보이는가? ☐눈을 자주 비비거나 귀를 자주 만지지 않는가? ☐오전 간식을 평소처럼 잘 먹는가?

출처: 안선희 외(2015).

또한 등원 시 교사가 부모 및 보호자와 의사소통하는 장면을 일화기록으로 관찰·기록하면 이를 토대로 등원시간을 효과적으로 운영할 수 있는 교사의 직무 특성을 이해할 수 있다.

〈예시 10-4〉 **등원시간 관찰**

- 손가락을 빨며 할머니 품에 안겨 찡그린 표정으로 등원함. 할머니께서 아침에 엄마가 출장 간다고 인사하자 엄마와 헤어지지 않으려고 많이 울었다고 하심
- 교사는 "엄마가 출장 가서 속상했구나."라고 말하면서 영아의 등을 토닥토닥함. 교사는 할머니께 "오늘은 기분이 좋지 않으니까 ○○이 간식 먹을 때 옆에 잠깐 계셔 주세요."라고 말함
- 할머니 품에 안겨 또래들을 바라보는 ○○이에게 간식을 갖다 주고 먹기를 권함
- 할머니 품에서 내려와 할머니 옆에 앉아 간식을 먹기 시작함
- 간식을 1/2 정도 먹었을 때 교사가 다가가 할머니와 인사하기를 권유하자 영아는 할머니에게 손을 흔들며 인사함

관찰 내용 해석	영아들은 매일 아침마다 기분이나 상태가 다르다. 영아의 컨디션이나 등원하기 전에 했던 경험 등이 직접적으로 영향을 미친다는 것을 알 수 있었다. 기분이 좋지 않은 영아에게는 최대한 안정적으로 어린이집 생활을 시작할 수 있도록 배려하면서 보호자와 천천히 분리하는 것이 효과적이었다. 영아가 간식을 먹으며 일과 생활을 시작했을 때 교사는 보호자와의 분리를 시도하였다. 이와 같이 영아를 배려하는 교사의 태도와 접근 방법으로 인해 보호자는 교사를 신뢰하게 되는 것 같다.

출처: 안선희 외(2015).

　이와 같이 교사의 직무에 대한 관찰을 통해 이론적으로 배웠던 '영유아가 보호자와 안정적으로 헤어지도록 한다'는 지침이 실제적으로 어떻게 실행되는지를 학습하게 된다. 따라서 실습생은 지도교사가 실행하는 직무 방법을 세밀히 관찰하고 이를 태도로 반성적인 사고를 해 보는 것이 중요하다.

3. 영유아 행동 관찰하기

이 책의 5장에서도 제시했듯이 영유아의 발달 특성, 놀이 특성, 행동 등을 관찰하는 것은 보육과정 운영을 계획하고 평가하는 데 매우 중요한 요소이다. 영유아 행동 관찰은 대체로 일화기록에 의해 관찰하고 평가 및 해석하는 것이 효과적이다. 실습기간 동안 효과적인 관찰 실무능력을 증진하기 위해서는 다음과 같은 사항을 토대로 매일 관찰해 보는 것이 중요하다.

- 매일 한 명의 영유아를 집중 관찰한다. 관찰능력이 숙련되면 관찰 대상 영유아의 수를 점차 늘린다.
- 하루 일과 시간대별로 관찰해 본다.
- 발달영역, 표준보육과정(누리과정)의 영역 또는 흥미영역 중심으로 관찰해 본다.
- 관찰을 통해 영유아의 개별적 흥미, 또래관계, 놀이 행동 특성 등을 파악해 본다.
- 언제든지 관찰기록이 가능하도록 작은 메모지와 필기구를 소지한다.
- 일과 중에 자세한 일화기록은 어려우므로 중요 사항 중심의 약식 기록을 하고 일과 종료 후에 그 내용을 기초로 해서 자세히 작성한다.
- 관찰기록에 대해서는 매번 지도교사에게 확인받으면서 정확한 관찰과 올바른 기록방법을 숙지한다.

영유아 행동 관찰은 '아동관찰 및 행동연구' 교과목에서 충분히 다루었으므로 여기서는 행동을 관찰한 예시를 통해 올바른 행동 관찰방법을 점검해 보자.

각 내용을 읽고 객관적이지 못하거나 구체적이지 못한 내용은 어떤 것인지 분석해 보자.

〈예시 10-5〉 부적절한 일화기록 예

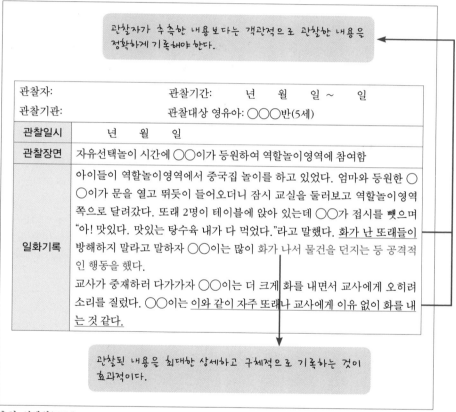

관찰자가 추측한 내용보다는 객관적으로 관찰한 내용을 정확하게 기록해야 한다.

관찰자:	관찰기간: 년 월 일 ~ 일		
관찰기관:	관찰대상 영유아: ○○○반(5세)		
관찰일시	년 월 일		
관찰장면	자유선택놀이 시간에 ○○이가 등원하여 역할놀이영역에 참여함		
일화기록	아이들이 역할놀이영역에서 중국집 놀이를 하고 있었다. 엄마와 등원한 ○○이가 문을 열고 뛰듯이 들어오더니 잠시 교실을 둘러보고 역할놀이영역 쪽으로 달려갔다. 또래 2명이 테이블에 앉아 있는데 ○○가 접시를 뺏으며 "아! 맛있다. 맛있는 탕수육 내가 다 먹었다."라고 말했다. 화가 난 또래들이 방해하지 말라고 말하자 ○○이는 많이 화가 나서 물건을 던지는 등 공격적인 행동을 했다. 교사가 중재하러 다가가자 ○○이는 더 크게 화를 내면서 교사에게 오히려 소리를 질렀다. ○○이는 이와 같이 자주 또래나 교사에게 이유 없이 화를 내는 것 같다.		

관찰된 내용을 최대한 상세하고 구체적으로 기록하는 것이 효과적이다.

출처: 신혜원(2014).

이 예시의 관찰 내용을 수정해 보면 〈예시 10-6〉과 같이 표현해 볼 수 있다.

〈예시 10-6〉 **적절한 관찰기록의 예**

관찰자: 관찰기관:	관찰기간: 년 월 일 ~ 일 관찰대상 영유아: ○○○반(5세)
관찰일시	년 월 일
관찰장면	자유선택놀이 시간에 ○○이가 등원하여 역할놀이영역에 참여함
일화기록	또래들이 역할놀이영역에서 중국집 놀이를 하고 있었다. 엄마와 등원한 ○○이가 문을 열고 뛰듯이 들어오더니 잠시 교실을 둘러보고 역할놀이영역쪽으로 달려갔다. 또래 2명이 테이블에 앉아 자장면 먹는 흉내를 내고 있고 종업원 역할을 하는 유아가 그릇을 테이블 위에 놓으며 "탕수육 나왔습니다."라고 말하고 있었다. 테이블 쪽으로 뛰어온 상민이가 종업원이 내려놓은 탕수육 접시를 들어서 자기 입에 음식을 쏟아 넣는 행동을 하면서 "아! 맛있다. 맛있는 탕수육 내가 다 먹었다."라고 말하자 또래들이 "야아~, 우리 노는데 방해하지 마."라고 했다. ○○이는 얼굴을 찡그리더니 테이블 위에 있던 그릇과 포크 등을 바닥에 던지고 의자에 앉아 있는 또래를 밀며, 주먹으로 가슴을 때리는 등 또래들을 공격했다. 교사가 역할놀이영역으로 뛰어와 싸우는 유아들을 말렸다. ○○에게 맞은 유아들은 울음을 터뜨렸고 ○○이는 교사에게 팔을 잡힌 채 거친 숨을 내쉬며 교사와 또래를 노려보고 있다. 교사는 ○○이와 이야기하려고 했지만 ○○이는 흥분하여 "왜 나만 갖고 그러냐고!"라고 하면서 소리를 질렀다.

출처: 신혜원(2014).

4. 교사-영유아 상호작용 관찰하기

보육교사와 영유아의 상호작용은 보육의 질을 결정하는 가장 중요한 요소이다. 따라서 실습생은 바람직한 영유아-교사 상호작용을 관찰하여 모범 사례를 학습해야 한다. 다음과 같은 지침을 참고하여 영유아-교사 상호작용을 지속적으로 관찰해야 한다.

■ **교사-영유아 상호작용 관찰 지침**

• 일과 시간대별로 교사와 영유아의 상호작용을 관찰한다.

• 관찰내용은 일정한 형식에 따라 일관성 있게 기록한다.

• 관찰된 행동에 기초한 해석이나 평가는 관찰내용과 구분하여 기록한다.

• 관찰자의 주관이나 편견이 개입되지 않도록 실제 일어난 상황을 객관적으로 기록한다.

■ **교사-영유아 상호작용 관찰 초점**

• 영유아의 발달 수준이나 흥미에 적합하게 상호작용하는 사례는 어떤 것인가?

• 영유아를 믿고 존중하며 영유아의 시도를 적극 수용한 상호작용 사례는 어떠한가?

• 영유아의 일상 경험에 기초한 보육내용을 통합적으로 운영한 사례는 무엇인가?

• 영유아의 요구와 질문에 경청하고 긍정적으로 반응한 교사의 상호작용은 무엇인가?

• 보육활동을 미리 계획하고 조직하는가?

• 영유아를 차별하지 않기 위해 시도한 교사의 상호작용은 무엇인가?

• 영유아가 스스로 해결하도록 지도한 교사의 상호작용은 무엇인가?

• 영유아의 부정적인 정서를 긍정적으로 수용하기 위한 교사의 시도나 상호작용은 무엇인가?

• 영유아 간의 다툼이나 문제 상황에 적절히 개입한 교사의 상호작용은 어떠한가?

이와 같은 관점에서 영유아-교사 상호작용을 지속적으로 관찰하고 관찰내용을 토대로 반성적 사고하기를 연습하면 바람직한 교사의 상호작용 직무능력을 함양할 수 있다. 〈예시 10-7〉은 영유아-교사 상호작용을 관찰한 내용의 예이다.

〈예시 10-7〉 영유아-교사 간의 상호작용 관찰 예

관찰자:	관찰일시: 년 월 일
관찰기관: ○○어린이집	관찰학급: ○○반/○세

관찰시간	오전 실내 자유선택활동(10:00~10:10)
관찰장면	5명의 유아(이○○, 조○○, 정○○, 우○○, 김○○)가 나무 적목으로 비행장을 건설하고 있음
관찰내용	조: 아이 참! 거기에 놓으면 안 된다구! 내가 안 된다고 했지! 정: (놀란 얼굴로 조○○을 잠시 바라본다.) 그럼 어디에 놓아야 되는데? 조: 여기다 놓아야 된다고! 이리 줘 봐!(정○○이 들고 있는 블록을 주자 받아서 자신이 가리킨 자리에 놓는다.) 우: (조○○을 부른다.) 야~ 그럼 이건 여기에 놓아야 돼? 조: 응! 아니 아니, 조금 옆으로 놓아야 돼. 그래야 똑바로 된단 말이야. (이○○과 김○○은 말없이 구성물을 만들고 있다.) 교사: ○○가 그렇게 이야기하면 친구들이 기분이 좋지 않을 것 같구나. 친구에게 "조금 옆에 놓아 주면 돼."라고 말하면 어떨까? 조: (이○○과 김○○을 부르며) 공항 건물을 빨리 만들어야 한다고! 교사: ○○이가 공항을 빨리 만들고 싶다는구나. 조금 빨리 만들어 줄 수 있겠니? 이○○: 네~ 이것 봐요. 다 만들었어. 공항 건물이에요. 교사: 정말 멋지다~ (조○○를 바라보며 미소 짓자, 조○○이도 웃는다.) 조: 근데······. 관제탑은 어디야? 교사: 관제탑은 어디라고 할까? 이○○: 음······. 여기라고 할까? 조○○: 그래. 그게 좋겠다. (김○○을 부르며) 너는 아직도 완성 못한 거야? 김○○: (조○○을 바라보며) 아이 참! 상관 말라구. 내가 만들 거니까? (조○○가 교사를 바라본다. 교사가 눈을 맞추며 고개를 끄덕여 주었다.) 조○○: (상냥한 목소리로) 알았어. 조금만 빨리 해 줄래? 비행기가 곧 도착할 것 같아서 그래. 김○○: 자~ 다 됐어! 조○○: 그래! 고마워. 이제 비행기 착륙해도 되겠다.

〈예시 10-7〉의 관찰내용을 살펴보면, 또래 간의 갈등 상황이 발생할 것을 예측한 교사가 바람직한 방법으로 또래에게 이야기하고 부탁하는 방법을 안내하고 모델링해 주었다. 바람직한 방법을 안내하는 언어적 표현과 표정, 몸짓 등을 자세히 관찰한 실습생은 영유아와 교사의 효과적인 상호작용의 실제를 이해하게 되었을 것이고 이후 유사한 상황에서 이를 실행해 볼 수 있을 것이다.

실습생은 영유아-교사 상호작용 중 의미 있고 주요한 장면을 매일 세심하게 관찰하고 그 내용을 보육일지에 기록하며 반성적 사고를 하거나, 의문점이 있는 경우 지도교사에 질문함으로써 보육실무 능력을 함양할 수 있다.

부 록

〈부록 1〉 보육실습 동의서

보육실습 동의서

학생 정보					
성명		학과		학번	
보육실습 기간					
주소	우편번호)				
개인연락처			이메일		

보육실습기관 정보			
보육실습 기관명		(정원: 명)	보육시설장
기관주소	우편번호)		
전화번호		팩스	
보육실습 지도교사			

위 학생이 본 기관에서 보육실습을 하는 것에 동의합니다.

20   년 월   일

보육실습기관 원장: (서명 또는 인)

〈부록 2〉 보육실습생 신상카드

보육실습생 신상카드

성명	한글	(여, 남)	(사진)
	한자		
주민등록번호			
소속			
집주소			
학력	. . . ~ . . .		고등학교 입학 및 졸업
	. . . ~ . . .		
	. . . ~ . . .		
보육관련 이수 교과목 (이수 교과목을 모두 적으세요.)	: 총 ( )개 교과목		
비상 연락처	집전화:		
	본인 휴대폰:		
	비상 시 연락 휴대폰: (관계:)		
e-mail 주소			

위의 사항이 틀림없음을 확인합니다.

년   월   일

본인 서명   (인)

원장 귀하

개인정보 수집 · 이용 동의

보육실습생 관리를 위하여 '개인정보보호법'에 따라 개인정보 수집 · 이용에 대한 내용을 알려 드리오니 동의하여 주시기 바랍니다.

[법률 근거] 개인정보보호법 제15조 '개인정보 수집 · 이용'에 관한 법률
[수집 · 이용 항목] 이름, 주민등록번호, 연락처(전화번호, 휴대폰 번호), 이메일 주소, 주소
[수집 · 이용 목적] 보육실습생 관리를 위한 목적으로 이용되며, 수집한 개인정보는 다른 목적으로 사용되지 않습니다.
[이용 및 보유기간] 보육실습이 종료되는 시점에 수집한 개인정보는 폐기됩니다.
[동의거부 및 불이익] 위의 개인정보 수집 · 이용에 관한 내용에 동의하지 않는 경우에는 보육실습이 불가합니다.

☐ 동의함   ☐ 동의하지 않음

실습생: (인)

〈부록 3〉 보육실습확인서

보육실습확인서

1. 실습 이수자 기본사항

이름	생년월일	양성교육기관명

2. 실습기관

실습기관명		실습기관 보육정원	
기관 종류		최초인가일	년 월 일
평가인증 유지기간	년 월 일~ 년 월 일	연락처	
주소			

3. 실습지도교사

이름	자격 종류	자격 번호

4. 실습 기간

실습기간	년 월 일~ 년 월 일(주간)
실습시간	총 시간(매주 요일~ 요일까지, 오전 시~오후 시)

위 사람은 「영유아보육법 시행규칙」 제12조 제1항에 따른 보육실습 기준을 준수하여 보육실습을 충실히 이수하였음을 확인합니다.

년   월   일

어린이집의 원장   (서명 또는 인)
학과장   (서명 또는 인)

※ 첨부서류
1. 실습기관 시설인가증 사본 1부 2. 보육실습지도교사 자격증 사본 1부 3. 실습지도교사 1인당 3명 이내의 보육실습생 지도 확인서
단, 2013. 3. 1. 이후 어린이집지원시스템을 통하여 보육실습확인서를 출력한 경우 첨부서류를 제출하지 않아도 됨

〈보육실습확인서 작성 방법〉	
실습 이수자 기본 사항	보육실습 이수자의 기본정보를 빠짐없이 기재합니다. 양성교육기관명에는 재학 중인 대학 또는 교육기관명을 빠짐없이 기재합니다.
실습기관	2017. 1. 1. 이후 보육실습 이수자는 모든 사항을 빠짐없이 기재합니다. (단, 2016. 12월 말까지 보육실습 이수자는 평가인증 기간을 제외한 사항을 기재합니다.) 가. 실습기관명: 보육실습을 이수한 어린이집 또는 유치원명을 기재합니다. 나. 실습기관 보육정원: 실습기관이 인가받은 정원을 기재합니다. 다. 기관종류: 어린이집 또는 교육과정과 방과후 과정을 운영하는 유치원을 기재합니다. 라. 최초인가일: 실습기관의 최초인가일자를 기재합니다. 마. 평가인증 유지기간: 보육실습을 신청하는 때(실습 시작 당시)에 법적으로 인가받은 정원 15명 이상으로 평가인증을 유지하는 어린이집의 평가인증 기간을 기재합니다. 바. 주소: 실습기관의 주소지를 기재합니다. 사. 연락처: 실습기관의 연락처를 기재합니다.
실습 지도교사	2007년 이후 보육실습 이수자부터는 실습지도교사의 이름, 자격 종류(보육교사 1급 또는 유치원 정교사 1급 중 택 1), 자격번호를 기재합니다(단, 2006년까지 보육실습 이수자는 지도교사 기재하지 않아도 됩니다).
실습기간	보육실습 이수년도를 기준으로 아래의 내용을 기재합니다. 가. 2007년 이후 보육실습 이수자: 모든 사항을 빠짐없이 기재합니다. 나. 2006년 보육실습 이수자: 　년　월　일~　년　월　일, 주간, 총 시간을 기재합니다. 다. 2005년까지 보육실습 이수자 주간, 총 시간을 기재합니다. ※ 총 시간은 1일 실습 시간에 실습 일수를 곱한 시간을 기재합니다. [예: 8시간(1일 실습 시간)×20일(실습 일수)=160시간]
직인	어린이집 원장, 학과장 직인을 모두 동시에 날인해야 합니다. ※ 교육기관별(대학, 보육교사교육원, 평생교육원) 학과장 직인 날인 방법 • 대학: 보육실습 교과목이 개설된 학과의 학과장 직인 날인 • 보육교사교육원: 보육교사교육원장 직인 날인 • 평생교육원: 평생교육원장 직인 날인

〈부록 4〉 보육실습비 영수증

영수증

보육실습비: 일금   만 원정(   )

성명:

소속:

위 금액을 위 실습생의 보육실습비로 정히 영수함.

20   년   월   일

○○○ 어린이집 원장   직인

〈부록 5〉 보육실습기관 방문 결과보고서

보육실습기관 방문 결과보고서

1. 보육실습기관 현황

기관명		반 수/교사 수	
전화번호		주소	

2. 방문일자: 20   년   월   일 (오전, 오후)   ~

3. 보육실습자 명단:
 (학번)

4. 방문내용:

20   년   월   일

방문지도교수   성명: (인)

참고문헌

김정원, 김유정, 이효정(2008). 영유아를 위한 교수방법. 경기: 공동체.

김지은, 문혁준, 김경회, 김현주, 김혜금, 김정희, 신혜원, 안선희, 안효진, 임연진, 조혜정, 황옥경(2013). 보육과정(3판). 서울: 창지사.

김희진, 박은혜, 이지현(2014). 개정 영유아교육기관에서의 관찰. 서울: 창지사.

문혁준, 백혜리, 김정희, 김혜연, 김민희(2012). 보육실습(개정판). 서울: 창지사.

보건복지부(2011). 표준보육과정에 기초한 보육계획 수립 워크북.

보건복지부(2013). 어린이집 표준보육과정 및 0~2세 영아보육프로그램의 이해.

보건복지부, 육아정책연구소(2016). 보육교사 양성과정 및 보육실습 매뉴얼 연구.

보건복지부, 한국보육진흥원(2016). 보육교사 자격기준 변경 안내.

성미영, 김진경, 서주현, 민미희, 김유미(2015). 보육교사론. 서울: 학지사.

손순복, 정진화, 박진옥(2015). 영유아 교수학습방법. 서울: 학지사.

신유림, 김선영, 김숙이, 나종혜, 문혁준, 박진옥, 서소정, 신혜영, 신혜원, 유경애, 이미란, 조혜정(2007). 놀이지도. 서울: 창지사.

신혜원(2014). 영유아교사를 위한 부적응 행동 지도. 경기: 양서원.

안선희, 문혁준, 김양은, 김영심, 안효진, 신혜원(2015). 아동관찰 및 행동연구(2판). 서울: 창지사.

임승렬(2012). 보육실습. 경기: 공동체.

정옥분, 권민균, 김경은, 김미진, 노성향, 박연정, 손화희, 엄세진, 윤정진, 이경희, 임정
하, 정순화, 정현희, 최형성, 황현주(2016). 보육학개론(3판). 서울: 학지사.

중앙육아종합지원센터(2016). 2016 어린이집 설치 운영 길라잡이.

한국보육진흥원(2010a). 표준보육과정의 이해와 적용.

한국보육진흥원(2010b). 표준보육실습 지도 지침: 보육시설용.

한국보육진흥원(2013a). 양성교육기관에서의 보육실습지도.

한국보육진흥원(2013b). 어린이집에서의 보육실습지도.

한국보육진흥원(2013c). 표준교과개요.

Bredekamp, S., & Rosegrant, T. (1992). *Reaching potentials: Transforming early childhood curriculum & assessment* (Vol. 1). Washington, DC: NAEYC.

Trawick-Smith, J. (1994). *Interactions in the classroom: Facilitating play in the early years*. 송혜린 외 역(2009). 놀이지도: 아이들을 사로잡는 상호작용. 서울: 다음세대.

찾아보기

저자 소개

성미영(Sung Miyoung)

서울대학교 대학원 아동학 박사
서울법원어린이집 원장
서울시 서초구 · 강북구 보육정책위원
서경대학교 아동학과 교수
현 동덕여자대학교 아동학과 교수

신혜원(Shin Hyewon)

연세대학교 대학원 아동학 박사
선릉삼성어린이집 원장
서울시 서대문구 보육정책위원
SBS 〈우리 아이가 달라졌어요〉 자문교수
현 서경대학교 아동학과 교수

6주 보육실습
Practicum in Child Care & Education

2017년 3월 20일 1판 1쇄 발행
2022년 3월 20일 1판 4쇄 발행

지은이 • 성미영 · 신혜원
펴낸이 • 김진환
펴낸곳 • (주) **학 지 사**
　　　　04031 서울특별시 마포구 양화로 15길 20 마인드월드빌딩
대표전화 • 02-330-5114　　팩스 • 02-324-2345
등록번호 • 제313-2006-000265호

홈페이지 • http://www.hakjisa.co.kr
페이스북 • https://www.facebook.com/hakjisabook

ISBN 978-89-997-1187-9　93370

정가 14,000원

이 도서의 국립중앙도서관 출판시도서목록(CIP)은 서지정보유통지
원시스템 홈페이지(http://seoji.nl.go.kr)와 국가자료공동목록시스템
(http://www.nl.go.kr/kolisnet)에서 이용하실 수 있습니다.
(CIP 제어번호: CIP2017004590)

출판 · 교육 · 미디어기업 **학 지 사**
간호보건의학출판 **학지사메디컬** www.hakjisamd.co.kr
심리검사연구소 **인싸이트** www.inpsyt.co.kr
학술논문서비스 **뉴논문** www.newnonmun.com
교육연수원 **카운피아** www.counpia.com